Frida Kahlo

Diego Rivera
y otros

La pintura de Frida Kahlo

casimiro

casimiro [*casimiroa edulis*]

Diseño cubierta: Rossella Gentile
En cubierta: Retrato fotográfico de Frida Kahlo, ¿años 1930?

© Casimiro libros, Madrid, 2024

Todos los derechos reservados

www.casimirolibros.es

ISBN: 978-84-19524-35-5
D. L: M-19642-2024

Hecho en Madrid

Índice

FRIDA KAHLO: DE LAS ETAPAS DE SU RECONOCIMIENTO

Carlos Monsiváis

[...]

De todas las Fridas posibles

Ante una foto o un autorretrato de Frida Kahlo, ante las reproducciones de sus cuadros famosos, los espectadores medianamente informados –y esto ya sucede en varios países– saben a qué atenerse: aquí está la artista regida por el dolor físico y el genio artístico, la pareja del gran pintor Diego Rivera, la autora y la modelo de estos cuadros que conmueven extrañamente. [...] Así como se oye, así como se escribe, así como se suceden las variantes de su fama, de su valoración y revaloración.

Primera etapa: décadas de 1930 y 1940

En la Ciudad de México, todavía relativamente pequeña, en los años de radicalismo y lucha de facciones, se asignan papeles a las figuras importantes y a diversos escritores, artistas y pensadores se les confiere la calidad de arquetipos del fenómeno donde la revolución (las realidades y las interpretaciones de los acontecimientos de la lucha armada y el enfrentamiento de facciones) se vuelve la Revolución (la metamorfosis de instituciones y mitologías). A los muralistas se les entrega casi de inmediato la función de arquetipos; a Frida, por lo pronto, se la ve como presencia secundaria, la compañera de un actor centralísimo. Pocos la conocen, y de estos casi todos la estiman.

En esta primera etapa, a Frida que será Frida (el apellido suele estar de más) la determina su condición de paisaje entrañable de su amante y esposo Diego Rivera, no un ser protagónico, término muy actual que requiere de la complicidad de los medios electrónicos, sino un protagonista de primera línea convencido de que ocupa por derecho propio el centro de la escena, y que es su deber intervenir en las polémicas, rivalizar, pontificar. Haga lo que haga, él llama de inmediato la atención, y además, con repercusiones internacionales. Diego es noticia por su cúmulo de actividades y por lo imposible que le resultan la discreción y el ocultamiento; y sin la extrema notoriedad de Diego, Frida es presencia notoria del arte, los círculos culturales y la conducta libre en la ciudad relativamente pequeña del país descaradamente novedoso. Así no se perciban con rapidez, sus características son únicas: pintora (oficio entonces casi exclusivamente masculino); nacionalista fervorosa desde la apariencia (el traje típico que no afirma sino renueva las tradiciones); parcialmente inválida. Una gran novedad: es autorretratista sin vanidad, o sin que se le achaque egocentrismo alguno. Aún no es comunista, el dogma que sólo de modo secundario toma en cuenta a las mujeres.

El Renacimiento Mexicano: el escenario de las apariciones

Entre 1922 y 1940 el periodismo especializado y las minorías ilustradas divulgan un término: "El Renacimiento Mexicano", que describe un territorio de admiraciones, creencias y conocimientos. Se celebran la aparición del pueblo (literal), las imágenes fulgurantes impulsadas por la Revolución y fijadas más que por los escritores por los artistas plásticos. Extranjeros y nacionales (los segundos orientados por el elogio incontenible de los primeros) estudian el país (más específicamente sus mitologías), sus movimientos armados y sus logros estéticos en acto o en potencia, y localizan en el conjunto un impresionante salto histórico. La Revolución conduce a la superficie técnicas, artes populares y costumbres despreciadas o todavía no aclaradas, y entre otros descubrimientos, los artistas quieren captar lo popular, el fenómeno más visible y más definitorio de México, oculto de tan cercano que se halla, y por lo "primitivo" de sus grados de refinamiento de acuerdo con los europeístas. Esta es la sorpresa múltiple: al acercarse al pueblo y lo popular, los artistas extraen las obras maestras y las verdades que el colonialismo mental oculta. Ejemplos: los grabados de José Guadalupe Posada, los retratos de los pueblerinos de Hermenegildo Bustos, la arquitectura popular, la vestimenta tradicional de las mujeres.

En la capital, los protagonistas del "Renacimiento Mexicano" y sus espectadores inmediatos (escritores, periodistas, cineastas, pintores, bohemios burgueses y radicales de Europa, Estados Unidos y la Unión Soviética) escudriñan a la nación que surge provisionalmente, años alumbrada por la caída de la dictadura de Porfirio Díaz y el surgimiento de caudillos y ejércitos campesinos. Es la hora de captar y capturar los "edenes subvertidos" (la expresión de Ramón López Velarde) de la naturaleza y del comportamiento, y de hallar lo significativo, lo trascendente si se quiere, en lo antes sólo calificado por una perspectiva utilitaria o tradicional pero siempre despreciativa: los mercados, los retablos, los dulces, los judas de carrizo, el color de las pulquerías, la variedad de formas celebratorias del Día de Muertos, las versiones populares del charro y la china poblana, los exvotos, las armonizaciones del color en los pueblos, las flores de papel y de cera, las piñatas, la conversión de las muchísimas tradiciones en estética de la sobrevivencia, las máscaras, los trajes indígenas, las matracas, los juguetes de feria...

Segunda etapa: "Lo mexicano" se siente y se contempla

La pintura se opone a la marginalidad, entonces considerada el destino inexorable de las sociedades latinoamericanas. Escritores y artistas desafían en grados distintos al medio burgués y moralista, y urden un nacionalismo insólito, equidistante de la historia y de la vida cotidiana, de los orgullos ya conocidos y los orgullos recién estrenados. En el sitio de honor de esta mitología, una idea móvil, en sus mejores expresiones más estética que ideológica, la Mexicanidad, que en el periodo de consolidación de instituciones (1920-1950, aproximadamente) es algo muy distinto al sentimentalismo de esa época y al producto oficial y comercial de hoy. La Revolución distribuye esa alegría mínima y máxima que es la conciencia de posibilidades, y los artistas plásticos,, vanguardia inevitable, promueven un "nacionalismo cultural" que es, sobre todo, asimilación y reformulación de lo internacional. Debido a ese impulso que confunde o identifica gozosamente apariencia y esencia, y no por un criterio "folclórico", Frida se deja persuadir por Diego, afirma Raquel Tibol, y abandona sus vestuarios, el convencional y el masculino, y adopta el traje de tehuana, el rebozo y las

trenzas interminables. Se quiere ilustrar con brío los objetos bellos invisibilizados por el criollismo de utilería, y el
traje típico, ya infrecuente, aún no se sitúa en el filo de la
navaja entre el respeto a las tradiciones que se desvanecen
y el disfraz de ropa de exhibición de la burguesía.

En el imaginario colectivo de una etapa, Frida es su
aspecto, aretes que son templos o laberintos o jardines
colgantes en miniatura, rebozos que son prodigios del
arte textil, anillos de inspiración prehispánica que antici-
pan museos de la orfebrería. En especial, a Frida la seduce el traje de tehuana, por razones muy entendibles:
durante una larga época, como lo ratifican los numerosos
testimonios de viajeros, y *Que viva México,** el film de
Eisenstein, el Istmo de Tehuantepec es la expresión diá-
fana del Paraíso Perdido, el ámbito de la inocencia, la
mezcla de frugalidad y exuberancia, de jóvenes que se
bañan desnudas en el río y de matriarcas de collares con
monedas de oro. La tehuana en la leyenda: la mujer fuerte de la Biblia, la carente de hipocresías, la sexualidad sin-
cera en las comunidades del Génesis indígena, la
matriarca falsa y verdadera (con las tehuanas, el machis-
mo escenifica su muy teatral cesión del mando).

Desde el atavío, Frida es una proclama, con las "poli-
cromías de delfín" de sus enaguas, los huipiles adornados
con hilos de oro, las trenzas a modo de homenaje a la

* Véase: S. Eisenstein, *¡Que viva México!*, casimiro, Madrid 2013.

arquitectura fantástica, amuebladas con cintas de colores y arracadas. Mediante un trámite sencillo –la emotividad de su indumentaria– y con desplantes muy intencionales, Frida se propone hacer visible la estética que es uno de los santuarios del pueblo amenazado por la modernidad. Ser Frida o vestirse como Frida es añadirle diseños de inspiración tradicionalista a los vestuarios que la americanización ya no admite. El proyecto está allí: reconstruir y darle otro sentido a la tradición al enarbolar los atuendos como desafío, pero no se capta al desvanecerse los paisajes donde esos atuendos eran necesarios.

'La Mexicanidad", según Frida, Diego y su grupo, es el hallazgo de lo singular en lo colectivo y Frida, con celeridad, y esta es una de las primeras expresiones de su fama, emblematiza el sector que cree posible un "estilo de vida mexicano" que, desde el primer golpe de vista, resista la uniformización occidental. Esto lo saben pocos aunque Frida ya es un secreto a voces en la ciudad que opta por modernizarse y desiste de su "pintoresquismo mortal" ya anacrónico.

Tercera etapa: la celebridad capitalina
 y la figura (módicamente) internacional

Un círculo no muy amplio de la Ciudad de México describe de varias maneras el comportamiento de Frida: es una hazaña pecaminosa (la vanguardia subraya *la hazaña* y el tradicionalismo *lo pecaminoso*). ¿A qué se refieren? Al poder de su persona, a la personalidad a la que define el habla singularísima, las limitaciones físicas. Al lado de Diego, Frida visita los Estados Unidos, ve trabajar a Diego en Nueva York, Detroit, San Francisco, se relaciona con artistas y acude a las reuniones burguesas, dialoga con Nelson Rockefeller y con artistas de Hollywood, percibe el halo irresistible de la fama de genialidad de Diego, pinta cuadros notables que le ocasionan disgustos con sus clientes, se deja retratar, es una de las cumbres de la fotogenia...

A Diego lo rodea y, de hecho, lo ciñe el escándalo; a Frida la fama le llega muchísimo antes que el prestigio. Es un artista "heterodoxa", excepcional, fuera del canon de esos años, sin escuela académica ni mensajes políticos directos; es el complemento perfecto de Diego, lo inevitable al marcar el matrimonio de los opuestos; es México (el atuendo) a la disposición de los turistas instantáneos que la tratan.

A Frida, la demasía de Diego del que se divorcia y con el que se reconcilia en San Francisco, la lleva a vivir a fondo lo que será la Historia: va a recibir a Trotsky, asilado en México, y lo instala en Coyoacán; hace campaña por la República española, se reparte en sesiones de canto, entre tragos y amoríos pendientes. Su vida privada podría ser pública pero amigos y conocidos prefieren no advertir, mientras ella va y viene, entre la heterosexualidad y el lesbianismo, entre, digamos, una cantante (Lucha Reyes) y un fotógrafo (Nickolas Muray). Es lo que cada quien elija: surrealista, fantástica, realista, que el observador decida.

No se entenderá esta etapa si no se toma en cuenta a la Ciudad de México, y la aureola "exótica" de los pintores mexicanos. La ciudad: sus espacios de tolerancia, su bohemia burguesa, su defenderse de la Respetabilidad con el gusto por los excéntricos, Diego y Frida surten de anécdotas a un sector considerable, son la pareja que sale del Partido Comunista de México y a él vuelven, los seres verbalmente monógamos y sexualmente polígamos, las primeras celebridades urbanas que atraen a otras celebridades; son, en suma, el eje de la vida artística en la ciudad que en lo tocante a nuevas creencias y avances es el país entero. Una vez más, la fuerza vital vence al morbo, ese "panal de rica miel" que atrae a los turistas y periodistas a la caza del color local, y orienta a los artistas en busca de compromiso.

Cuarta etapa: las primeras divulgaciones de la obra

Frida en los murales, Frida en su pintura, Frida en las anécdotas. Aquí germinan los elementos de la explosión mitológica, que ocurrirá al conjugarse diversos elementos: la condición de mujer excepcional a disposición de las generaciones por venir, las impresiones de militancia radical, la originalidad de su pintura, la facilidad que muestra para enredarse en símbolos que a fin de cuentas no la atrapan, el sufrimiento que le da el doble carácter de mártir y heroína. En todas las combinaciones, Frida permanece. Es la tragedia que de tanto sobrevivirse a sí misma se torna en lo opuesto: el ánimo de la continuidad del arte y de la vida, el personaje único que contiene una multitud. (Se memoriza a Frida y esto no neutraliza su don para sorprendernos interminablemente.)

El génesis de la intertextualidad. Si Frida se retrata para no aceptar las brumas de la invalidez que a diario disuelven su figura, Diego la retrata como el símbolo excepcional, en el Hotel del Prado, en el mural *Domingo en la Alameda*, y en los murales de Palacio Nacional y la Secretaría de Educación Pública. Al representarla, Diego anticipa la sacralización: esta mujer, en sí misma una epopeya, se integra a la historia de México.

Todo para la imagen en el Álbum de las Importaciones. ¿Quién que es no ansia fotografiarse al lado de Diego y Frida? ¿Quién que es no se interesa por los rumores, los chismes (esa infancia del rumor), las declaraciones (de Diego, a Frida no se la registra, entonces si no son auto-viudas las mujeres no declaran)? En la década radical de 1930 y luego, aún con mayor convicción escénica en la ciudad a punto de la internacionalización, Diego y Frida son las figuras mayores del "nacionalismo de lo cotidiano", sólo interrumpido cuando la industria cultural absorbe su repertorio.

El pasaje permanente: la enfermedad

De las leyendas de Frida:
el testimonio de la periodista Rosa Castro

Frida hablaba de sus males como quien se refiere a una retorta con un extraño animal adentro que se resiste y resiste al fuego. Aquellos corsés que llevaba ¡ay!, de metal, de cuero, de yeso, que ella se distraía en pintar con violeta de genciana, con mercurio-cromo, que tachonaba con espejitos de danzantes y pegaba con plumas de colores a la altura del pubis[...]. Aquellos corsés que tanto la torturaban, ¡cómo los recuerdo! Y cómo recuerdo bien la tarde aquella; caía la noche cuando decidió quitárselo. "¡No más!", había dicho, y sin el corsé, sin el sostén de su frágil columna, se fue, se lanzó a la calle a una posada pública [...]. Un griterío en la calle nos llevó a la puerta, al gran portón de la entrada. ¿Cómo describir aquello, aquel cuadro que hacía juego con la alucinante habitación? En primer término venía Frida, el cabello suelto, tambaleándose, excitada, los brazos en alto. Siguiéndola, una muchedumbre que gritaba, cantaba, reía y chiflaba. Entre la polvareda que levantaba y la oscuridad que por instantes se acentuaba, aquello parecía una loca rebelión funambulesca de seres inventados por la propia Frida. Ella llegó con dificultad hasta el portón gritando. "¡Nunca más! ¡Nunca más, pase lo que pase! ¡Nunca más!

Contado a Hayden Herrera en la biografía de Frida.

"Dolor, qué ruidoso vienes"

En la década de 1940 la enfermedad se agudiza. Frida es ya la enferma que no acepta su condición de víctima. A su fama (es decir, a su condición de punto de referencia obligado), Frida se adapta con relativa autonomía. En lo económico, aún es el tiempo difícil de vivir de la venta de cuadros a clientes norteamericanos, de préstamos de amistades y de mínimos adelantos de dueños de galerías. La enfermedad avanza y Frida se mueve, literalmente, entre el suplicio agónico y la necesidad expresiva, y su pintura, dentro de la sencillez original, se torna más compleja o, si se prefiere, el conocimiento de su trayectoria hace que se ponga de relieve su complejidad.

Frida se explica: "Nada resulta tan natural como pintar lo que no hemos conseguido", y entre lo no conseguido se da en su caso el desdoblamiento y la multiplicidad de su persona, es decir, la huida del dolor. En un autorretrato del *Diario*, Frida, que aparece como jarrón quebrado, se increpa: ¡NO ME LLORES!, y en el siguiente dibujo se contesta: SÍ, TE LLORO. El dolor es la militancia suprema, la causa en la que se apoya con el fin de aminorarla, el punto de partida de la exploración de la realidad y el infierno que la muerte ha de abolir.

Sobre todas las impresiones, el recuerdo del accidente de 1925 mientras viaja en el tranvía. "Algunas varillas del herraje le atravesaron las entrañas, a la manera del alfiler que fija el endeble cuerpo de la mariposa de museo", escribe en 1954 su amigo cercanísimo Manuel González Ramírez. Y ya en 1946, en Nueva York, la enfermedad se vigoriza y en la primera operación le injertan un pedazo de su pelvis en una de sus vértebras. Por largos periodos Frida queda colgada, con los pies atados a unas pesas con el objeto de evitar la parálisis y separar sus vértebras, propensas a unirse de modo patológico. Las operaciones la destruyen y la morfina deja de atemperar las dolencias.

Al final la vence la mutilación de la pierna. Y, según cuenta González Ramírez, lo que le preocupa es bajar a la tierra en posición yacente. "Mucho habría sufrido en los hospitales en esa postura, para que todavía se le condenara a pagar en tal forma el ineludible tributo. Había recomendado que la incineraran, y a su debida oportunidad el deseo se cumplió".

Quinta etapa:
la búsqueda del adjetivo que explique a Frida

A la leyenda las atribuciones. ¿Qué es Frida: nacionalista, comunista, surrealista, pintora fantástica, fabulista inesperada del yo? El nacionalismo de Frida tiene que ver con la gastronomía, la vestimenta, el sentido del color, el amor a las artesanías populares, el gusto por las canciones.

En lo político, el sectarismo, debilidad orgánica de Rivera, y en rigor de casi todos en la época, contagia a Frida que, sin inmutarse, sigue a su compañero, convencida de que Diego ubica mejor que nadie el sitio exacto de la razón histórica. Cuenta Lola Álvarez Bravo: "Frida era muy valiente, con un valor decidido y sereno; recuerdo que una vez se agarró a bolsazos en un mitin en el Sindicato de Panaderos con unos que criticaban a Diego. Otra vez, cuando Diego andaba en la campaña presidencial del general Henríquez, fuimos a Puebla, y se rumoraba que habían puesto una emboscada cerca dela ciudad, pero Frida no se inmutaba y llevaba, escondida debajo de sus enaguotas, una pistola". Sin embargo, muy posiblemente por razones de misoginia, empecinada en no conceder valor político a las mujeres, la sociedad se desentiende del radicalismo de Frida en sus nociones antiimperialistas, su defensa conmovedora de la República española, y su versión hoy explicable e inexplicable a la vez de la religiosidad comunista.

El surrealismo es la etiqueta que le regala André Breton y que, en rigor, así le presta un conjunto de signos muy descifrables; poco tiene que ver con una pintura que no viene del sueño sino, más específicamente, de la vigilia dolorosa.

Sexta etapa: el reconocimiento excepcional (1954)

El 2 de junio de 1954 Frida asiste a la manifestación de protesta contra el golpe de Estado en Guatemala, auspiciado por el Departamento de Estado de John Foster Dulles. El militarote Carlos Castillo Annas, apoyado por la CÍA, la burguesía terrateniente y la iglesia católica, organiza la caída del presidente Jacobo Arbenz. El golpe de Estado, un remedo exitoso del de Franco, apenas llama la atención en México, y sin embargo, la marcha es combativa y jubilosa. "¡Fuera manos de Guatemala! ¡Únete pueblo!". (Diego le dedica al episodio su mural *La gloriosa victoria.*)

Frida y Diego llegan en una camioneta, de donde a ella la bajan dificultosamente. Diego y el pintor y arquitecto Juan O'Gorman se alternan para llevarla en su silla de ruedas. Es la única ocasión en que la contemplo y el impacto me lleva a seguirla a lo largo de la marcha, en pleno examen reverencial del personaje, junto a los que desean relevar a Rivera en la conducción de la silla. La atención profunda que convoca su presencia la vuelve el eje visual de la marcha. Como la vislumbro ahora, Frida, incandescente, parece animar un retablo vivo.

En 1954, ingresa en dos ocasiones al Hospital Inglés. Poco antes de fallecer escribe en su *Diario* la confesión que es proclama: "Espero alegre la salida, y espero no volver jamás. Frida". El 13 de julio muere. De nuevo, nada en mi experiencia de estudiante preparatoriano me ha preparado para el tumulto, la constelación de seres famosos en el vestíbulo del Palacio de Bellas Artes, el general Lázaro Cárdenas en persona, David Alfaro Siqueiros en persona, Diego Rivera en persona, y el cúmulo de mujeres de cuyos nombres me entero más tarde, con atavíos de tehuana, aire doliente, perfiles hieráticos, o simplemente indescifrables para mí, que con celo maternal protegen al viudo inconsolable, Dieguito, el Saporrana. Se canta "La internacional" (creo, no estoy seguro, que tal hazaña fue posible debido al reparto de la letra en mimeógrafo), se guardan silencios estremecedores seguidos del estrépito, se coloca la bandera del Partido Comunista, se desfila ante el féretro y yo siento la tristeza sin asideros, la de no haberla conocido.

El velorio es un acontecimiento. Allí están los nacionalistas revolucionarios, los funcionarios progresistas, los artistas, los escritores, los comunistas, el pueblo. El escándalo (el rumor de alarma y emoción) brota en el instante en que cubre el féretro la bandera comunista. Se entonan canciones mexicanas, se llora y se aplaude en un acto compulsivo de la Mexicanidad, a la vez imposición escénica y verdad infalsificable de los allí presentes. Evoco vívidamente imágenes (o, más bien, recuerdo lo que a lo largo de los años he ido recordando de aquella velada): las compañeras entonan corridos, los periodistas acosan a Diego, se cantan "Por una mujer ladina", "Por un amor", "El Abandonado" y "El Corrido de Cananea", que tanto le gustaba a Frida:

Voy a dar un pormenor de lo que a mí me ha pasado,
que me han agarrado preso siendo un gallo tan jugado.

Y un grupo fervoroso se apropia de la melodía y aporta la letra combativa:

Señores, a orgullo tengo ser antiimperialista
Y militar en las filas del Partido Comunista...

Por doquier anécdotas, llanto, elogios de Fridita. La pequeña multitud ofrece lo que tiene, la constancia de la nacionalidad que es causa y caudal estético, que es vestuario y es memoria histórica, que es arte y revolución.

Concha Michel, entonces la muy conocida recopiladora del folclore, cantante, compositora, entona su "Sol redondo y colorado". Las canciones son el santo y seña de la conversión del velorio en un acto distinto, no sólo político, no únicamente amistoso, no nada más gremial y popular.

En esta oportunidad, lo indefinible mezcla la reverencia con el escándalo político. Percibimos mis compañeros y yo que algo sucede cuando el director del INBA [Instituto Nacional de Bellas Artes] Andrés Iduarte habla con Diego. Luego se nos refiere el diálogo: "Hay que quitar la bandera comunista/ Si usted la quita, me llevo el féretro a la calle". De esto nos enteramos más tarde, justo cuando se esparce la noticia del cese de Iduarte.

La ceremonia en Bellas Artes es breve. Lee un texto Iduarte: "Frida ha muerto. Frida ha muerto. La criatura brillante y voluntariosa que en nuestros días iluminaba los salones de la Escuela Nacional Preparatoria, ha muerto". En el Panteón Civil de Dolores se efectúa la ceremonia postrera. Recita tres sonetos Carlos Pellicer... Junto al horno crematorio se canta "La Internacional", y las viejas melodías del rancho mítico, con sus depósitos de esperanza y resentimiento.

El purgatorio

En los años siguientes, Frida es objeto del reconocimiento que suele parecerse al olvido. Sus cuadros se cotizan escasamente, se publica poco sobre su obra, y el juicio más frecuente subraya su ingenuidad pictórica y exalta su personalidad formidable, la señal perdurable de un tiempo de guerras y militancias. Nunca se le olvida, no se le recuerda en demasía. A los que la desdeñan, en plena pose intelectual, los orienta el desdén por el "primitivismo" y la irritación por el sectarismo, actitud justa que al extremarse y negar la calidad artística de los pintores de izquierda se vuelve igualmente sectaria. La modernidad, ya se ha probado, no deja atrás al muralismo, lo incorpora e incluso lo hace objeto de un marketing despiadado, y a Frida la modernidad la sitúa en la vanguardia, de modo excepcional pero con las razones de la creación de una estética diferente.

Séptima etapa: los autorretratos como estética

Al redescubrimiento de Frida le ayuda definitivamente el poderío de sus autorretratos. En cada uno resplandecen el exorcismo contra el dolor, el afán de durabilidad, el examen de sí misma que es absolución y condena. Este podría ser el razonamiento: "Me pinto, luego marco mi sitio en el espacio; me pinto, luego el tiempo me percibirá al cesar mis sufrimientos; me pinto, luego estos cuadros son la prolongación y la metamorfosis de mi figura, y son la figuración de las metamorfosis".

El *Diario* es la sucesión de escritos, dibujos y sketches dirigidos no sólo al meritable Diego Rivera, no únicamente a las amistades cercanas (que no lo leerán), sino a todo aquel que en ese porvenir sin ecos se acerque a esta invocación pictórico-escritural donde el Yo se multiplica, el Yo se escinde, el Yo da a luz, el Yo desciende a las penumbras y las amuebla con trazos y colores. En el *Diario* se hallan –simultáneamente– "una desesperación que ninguna palabra puede describir", los relajos que enamoran a La Calaca, los recuerdos imaginarios (esos que anteceden a los recuerdos verdaderos), la soledad del cuerpo que forcejea con el ánimo gregario del alma, la ansiedad por asirse a lo poético (el espíritu en la plenitud del idioma) y la gana de vivir.

La octava etapa:
"A ningún mito lo inventan sin su consentimiento"

De pronto, en la década de 1970 el diluvio admirativo. Todo coincide: los primeros detalles de su relación con Trotsky y con varias mujeres, las exposiciones dentro y fuera de México, la película de Paul Leduc con Ofelia Medina, el río de visitantes en la Casa Azul de Coyoacán. El consenso es rápido: Frida, singularísima, es la artista primordial que a falta de otro tema se pinta obsesivamente a sí misma, Frida es un retrato de época y es la época en donde se insertan los retratos. El impacto es simultáneo: a Frida (la obra, la figura, la vida, la relación con el amor y el dolor) llegan los chicanos, las feministas, los nacionalistas culturales, los críticos del posmodernismo, los radicales, las estrellas del espectáculo, los escritores, las lesbianas, los pintores, los teatristas. De los símbolos del universo legendario de las décadas del "Renacimiento Mexicano", se elige a Frida y a su paisaje complementario: el inmenso, delirante, fotogénico y antifotogénico Diego Rivera. La pareja indesligable y la mujer aislada, el amor y la soledad en llamas.

Obsérvese a la industria de las transformaciones: tómese a una gran artista, ejemplo de disidencia moral y política, creadora de simbologías terrestres y fisiológicas, que vierte sueños y padecimientos en visiones de la pareja cósmica, en autorretratos y retablos laicos. Agítese un poco la memoria, y truéquese el conjunto por un alud de biografías, la primera de Hayden Herrera, portadas de libros y revistas, calendarios, muñecas, títeres, obras de teatro, dos películas, varios documentales, camisetas, tarjetas postales, docudramas, cuadros que incluyen citas de sus cuadros, análisis posmodernos, declaraciones adoratrices de Madonna y Salma Hayek, precios avasalladores en las subastas...

La pregunta inevitable: ¿es la fridomanía un culto de origen cristiano, la trasmutación de la artista en la virgen doliente y nacional y de género? No escasean las vetas cristianas en la obra y el mito de Frida o, por lo menos, la artista se observa a sí misma con la piedad regocijada de uno de esos retablos que ella tanto observó, coleccionó y recreó. Pero nada en la fridomanía sugiere una translación efectiva de lo terrenal a lo celestial, sino más bien, la inercia de los métodos consagratorios de siglos de cultura cristiana y sus andamiajes de reproducción adoratriz. En lo básico, el mito de Frida es una realidad laica de la estética, y de allí el tránsito de la fridomanía a pasión popular.

Frida en primer término, y Frida y Diego en segundo lugar, son los iconos que complementan y le otorgan pleno sentido al paisaje de Zapatas y Villas.

Novena etapa: la pareja y las obsesiones amorosas

Una religión donde la divinidad, los santos, las ceremonias y los templos ss llamen simplemente Diego Rivera, un credo que va del amor a la cosmogonía, de las aflicciones a la meditación:

Nadie sabrá jamás cómo quiero a Diego... si yo tuviera salud quisiera dársela toda, si yo tuviera juventud toda la podría tomar. No soy solamente tu madre, soy el embrión, el germen, la primera célula que –en potencia– lo engendró. Soy él desde las más primitivas... las más antiguas células, que con el tiempo se volvieron el "sentido" .

Imposible saber qué sucedía, lo que es un hecho es la manera compulsiva de situar a la gran referencia:

No dejes que le dé sed
al árbol del que eres sol,
que atesoró tu semilla.
Es "Diego" nombre de amor.

El amor es el territorio por excelencia de lo poético, tal y como Frida concibe este desbordamiento. En su idea de la hermosura verbal se justifican incluso las nuevas palabras poéticas siempre y cuando la substancia primordial (la entrega) permanezca. Frida escribe:

El "clásico" amor...
(sin flechas)
solamente
con espermatozoides.

Diego en la frente del autorretrato de Frida, Diego en las querellas, los perdones, las angustias. En la mitología ya sólo consistente en imágenes, Frida y Diego son el ser único que trasciende el sexo, las riñas, las mutuas y cuantiosas infidelidades, y se vuelve el origen de la nueva especie que, por razones que tal vez se desconozcan, con ellos se extingue.

Décima etapa: la metamorfosis de las masas

Desde la década de 1990 y muy acusadamente en los albores del siglo XXI, Frida Kahlo se convierte en devoción de masas, por motivos evidentes (la fama internacional, la multiplicación de las imágenes, la transformación de una época en un paraíso perdido del tiempo, y por las causas secretas únicamente al alcance de cada persona). La explosión frídica de 2007 es parte de una exigencia cultural, un apremio informativo, un contagio de admiraciones, la urgencia de grandes referentes. Y siempre, muy explicada y sin explicaciones, ella permanece "como un cohete como una granada como un vidrio estrellado como una noticia como un telégrafo como la sangre" (Salvador Novo).

Frida Kahlo carece de estatuas pero a cambio dispone de millones de nichos de la memoria.

Publicado en la revista *Debate Feminista* del Centro de Investigaciones y Estudios de Género (CIEG) de la UNAM, Vol. 37, abril 2008

FRIDA KAHLO Y EL ARTE MEXICANO

Diego Rivera

México ha sido el lugar de encuentro de dos tradiciones de arte potentes y recias: la indoamericana y la española. No solamente la posición relativa de conquistadora y conquistada, con sus consecuencias inmediatas económicas, y mediatas, ideológicas y estéticas, sino por la naturaleza misma de los elementos de estas tradiciones, han sido y siguen siendo opuestas e inamalgamables. Cuando se encuentran contenidas en una misma obra de arte mestiza, allí mismo se separan y le dan un carácter contradictorio en sí mismo, que por otra parte, determina precisamente cierto aspecto de la originalidad de la fisonomía de la obra.

Idealismo sensual y místico, traducido en realismo objetivo-subjetivado, por parte de España. Del Arcipreste a Cervantes, pasando por Santa Teresa hasta llegar a Valle Inclán; desde los retablos castellanos, aragoneses y catalanes, a Velázquez-Goya pasando por Zurbarán, el Greco, para llegar a Picasso; siempre caracterizándose con desinencias individuales.

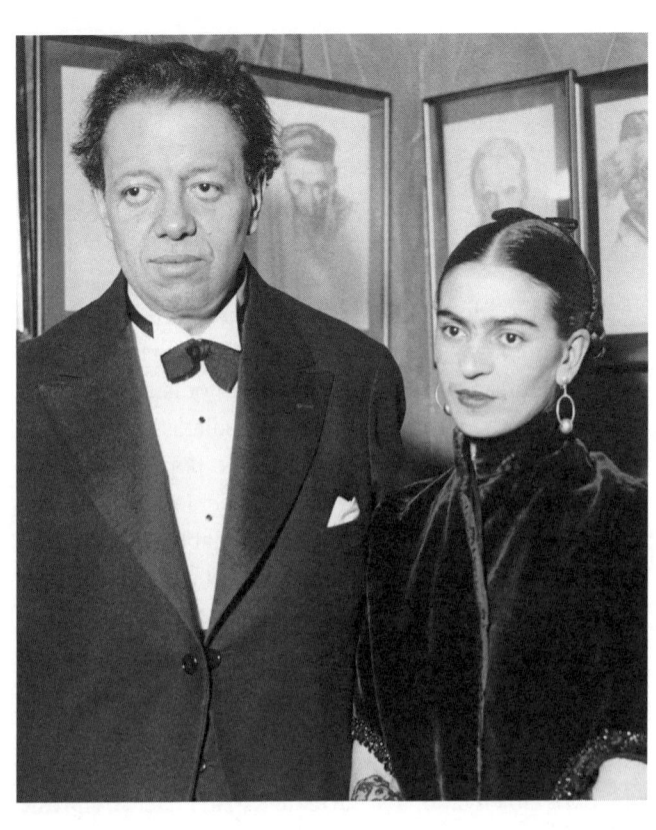

Diego Rivera y Frida Kahlo
en Nueva York, 1933

Por parte de México: materialismo ocultista y poético, traducido en geometría mágica, que usa más bien signos que símbolos para plastificarse en un realismo monumental abstractivado, que salta por encima del objetivismo superficial, anatómico y descriptivo, para elevarse hasta la expresión pura de las proporciones superiores, el movimiento inherente a la acción y el devenir continuo, durante el quietismo, de *La Vida* misma. Netzahualcóyotl y el Popol-Vuh, desde Cuicuilco hasta Tulum-Lamná, pasando por Teotihuacán-Monte Albán, para llegar a la plástica actual, especialmente a la pintura, caracterizándose siempre con desinencias colectivas.

Los elementos de esas tradiciones han sido siempre rebeldes a la amalgama. Cada vez que se ha tratado de juntarlos, pronto o tarde se desprenden del agente emulsionador y se separan como el aceite del agua.

El elemento emulsionador fue constituido durante la dominación española por la fuerza imposicionista del conquistador con todos los útiles de que dispuso: policía civil armada, propaganda oral y escrita hecha por frailes y doctores, Leyes de Indias y Ordenanzas de Gremios de la Nueva España y, sobre todo, la poderosa ley económica de la *demanda*. Quienes establecían esa demanda eran, naturalmente, los consumidores más ricos, es decir, los administradores de la colonia: encomenderos, terratenientes religiosos y seglares, propietarios y concesionarios mineros, amos de industrias y artesanías, virreyes, oidores, mercaderes, militares, clérigos y frailes. Todos pedían productos a su gusto y rechazaban los que no se acomodaban a él y a la preservación y aumento de sus intereses. Sancionábase a los productores clandestinos o poco sumisos, por medio de castigos especificados en las *Ordenanzas de Gremios de la Nueva España*, que dejaban a españoles y criollos el ejercicio de la parte más lucrativa de las artes y oficios, dejando el resto tan sólo para los indios. Se verificaba el control de la producción de arte por medio de los veedores, funcionarios encargados de destruir las obras heterodoxas y de ver que los indios no pintasen, esculpiesen o grabasen imágenes sacras que les estaba prohibido hacer, permitiéndoles sólo pintar paisajes y bodegones, pintura, escultura y gráfica ornamental y por excepción, retratos. En los objetos de uso esculpidos o pintados, en cuanto llegaban más allá del ornato, se exigía a los indios copiar estampas o imágenes europeas y autorizadas, proporcionadas a ellos por los amos españoles, fuesen los encomenderos, los veedores mismos o los sacerdotes católicos; éste y no otro es el origen del hecho persistente hasta hoy día en las cajas de Olinalá, objetos de laca de otras procedencias y aun en la magnífica rama de la pintura mexicana, la pintura de pulquerías, hasta casi todo el siglo XIX. Se reservaba cuidadosamente la fabricación de imágenes religiosas a los españoles y criollos de confianza; tanto era el temor a la supervivencia de la tradición de arte mexicano indígena, y tales fueron las precauciones tomadas por los dominadores contra el genio plástico de México. Pero si lograron suprimir y condicionar sus manifestaciones durante tres siglos, no consiguieron destruirlo completamente.

Hay que decir que esa situación había sido originada por la experiencia; en el albor del nuevo estado de cosas, todavía en el siglo XVI, los frailes evangelizadores, ayudantes de eficiencia definitiva para el conquistador militar y civil, se encontraron muy a corto de material para la propaganda por la imagen; esa propaganda era de una inmensa importancia, puesto que no sólo había la dificultad de la diferencia idiomática, sino que existía un abismo entre los dos modos de escritura: ideográfica por la imagen, en el mexicano, y fonética, por signos, en el español. Así fue que la necesidad de pinturas, dibujos, estampas y esculturas, que hablan un idioma que todos entienden, fue enorme. Los frailes enviaron a Italia pintores indios catequizados para que aprendieran pintura católica; vueltos de allá, resultó que esos pintores no se influenciaron por la retórica pomposa, de plástica inflada, que usaban por entonces los secuaces barrocos de Miguel Ángel y Rafael. Los indios pintores se influenciaron de los pregiottescos y giottescos del final de la Edad Media italiana, de cuando el pueblo combatía contra señores feudales y papas expoliadores, usando como ejemplos parabólicos las escenas de la vida del Cristo fustigador de mercaderes del templo y sentenciador de los ricos, que entrarían al paraíso con mayores dificultades de las que tendría un camello para pasar por el ojo de una aguja.

Las obras de aquellos indios mestizados en su arte, por lo mejor de la pintura renovadora y rebelde del final de la Edad Media italiana, fueron bellísimas; prueba de ello es lo que queda de esas obras en los muros de Actopan, Epazoyucan, Huejotzingo, Tepeaca y otros lugares, en donde la arquitectura del colonial tempranero es también lo mejor que se hizo bajo la dominación española. Pero el parentesco prevalente y evidente, en la obra de aquellos indios evangelizados, con los maravillosos frescos y códices de su antigua cultura, debió alertar grandemente a frailes, doctores y oidores, tanto como el subversivismo nuevo, implícito en su conexión indudable con el de los maestros de la pintura de la vida del pueblo luchando por sus libertades, con quienes habían emparentado allá en Italia.

Pero había ocurrido algo más: al construir las iglesias, los indios habían enterrado (¿subrepticiamente, o bajo el disimulo del fraile que necesitaba buena clientela y copiosos diezmos y primicias que habían de ser proporcionados por los mismos indios?) tras de ellas y aun bajo sus mismos altares, los antiguos ídolos, personificaciones poético-materialistas de las fuerzas naturales y de los indestructibles impulsos humanos.

Pero sucedió también mucho más: los artistas indios pintaron crucifijos flanqueados de Sol y Luna, con ramilletes de flores sobre altares y bajo cortinajes, que a poco que se miren, aparece claramente integrada por los elementos de la pintura aparentemente católica, la imagen de Tláloc, nuestro señor del agua, el de la cruz hecha con cañas de maíz, cuya rama horizontal significa la tierra y la vertical la trayectoria de las gotas de agua que caen para fecundarla; cruz *nahuí-olin*, cuatro movimientos del sol, cuatro equinoccios, cuatro rincones del firmamento, norte, sur, este y oeste; cuatro elementos, tierra, agua, aire, fuego. Los cuatro primeros hombres, rojo, amarillo negro y blanco, creados por las tres serpientes emplumadas, con las plumas verdes del quetzal, únicos que existían antes de todo, cuando el agua estaba hasta los límites del agua, los gases. Maestro Luz del Relámpago, Maestro Trueno del Relámpago, Maestro Huella del Relámpago; las tres personas de nuestra trinidad creadora, más su unidad, el Rayo Electricidad, que con ella hacen cuatro y son la primera fuerza motora de la materia y autora de todas sus formas. De estos maravillosos cristos-tlálocs, ocultistas, han sobrevivido hasta nosotros algunos ejemplos escapados al celo de los veedores.

A esas imágenes ocultas se dirigía y se sigue dirigiendo la adoración que con sus danzas y oraciones hace el indio mexicano en los templos católicos, Por eso fue necesario poner en lugar evidente de todas las iglesias el Sol y la Luna, sin lo cual el indio no hubiera sido buen cliente de ellas y hubieran escaseado las limosnas y los diezmos.

Por todas esas razones, agregadas a la necesidad de construir una base sólida para la dominación colonial, desenraizando hasta donde fuera posible la antigua cultura, se establecieron todas las leyes, ordenanzas y veedores que usó el español contra el genio plástico mexicano. Por eso, sólo hasta el siglo XVIII se permitió la aparición oficial del primer pintor indio reconocido como tal por la sociedad explotadora de la colonia que consumió con gran beneplácito su producción; ese pintor fue Miguel Cabrera, quien sólo conservaba de indio, la cara, y en su pintura, una distinción fácil, una elegancia felina, bien diferente de la adusta y enlutada del hispano. El género de elegancia del pintor indio lleno ya de católicos azules claros y rosas agradables, cuadraba maravillosamente a los propósitos del inteligentísimo jesuitismo, político de primer orden. La Compañía de Jesús entendió claramente, desde hora temprana, cuando apenas eran visibles en el horizonte las primeras nubes que traían la tormenta, todo el peligro que se venía encima, y durante el vendaval de la revolución burguesa, con su francmasonería militante, su Diosa Razón y sus terribles batallones de *sans-culottes*, encontró la Compañía de Jesús un magnífico aceite que derramar, alrededor de la nave de la Iglesia para evitar que la oleada la hiciera zozobrar, en el suave sensualismo misticoide, aderezado con las especies aromatizadas de incienso, del pecado, siempre perdonable mediante penitencia galante y devota, acompañada de contribuciones personales y económicas para el goce de sus ministros y el crecimiento del capital de la Iglesia, dictadas en el santo tribunal de la penitencia. Entre los elementos de ese santo óleo calmante, el arte y la literatura barrocas fueron de lo principal; todavía hoy padecemos en México sus aromas, conservados en urnas de todas clases.

Más tarde, después de la independencia política, fallida por falta de la base de cimentación necesaria que es la independencia de la economía nacional, la sub burguesía y postfeudalista de la excolonia, que mediante once años de lucha y sacrificios tan solo logró convertirse en semi-colonia, pretendieron suplantar al amo español, oprimiendo a las masas indígenas e indomestizas en la misma forma o peor que aquél; pero en esa empresa, como en todo lo demás, fracasaron.

Las clases sociales que siguieron a la dominación española fracasaron por ineptitud histórica e incapacidad biológica, ambas heredadas.

La primera: de la forma de régimen social feudal paternalista, que prevaleció en las colonias de España, impermeable al movimiento surgido en los demás países europeos; la Reforma, con su libre examen y su liberalismo, dentro del que gestaba ya la revolución burguesa y su tremenda potencia progresiva.

La segunda: por haber heredado, en sus cuerpos, una parte considerable de los tesoros inagotables en riquezas patológicas, recolectadas por los ilustres antepasados conquistadores, juntas con el botín de guerra, durante todas sus "fazañas" , sobre todo lo ancho y lo largo del mundo. Heredó sífilis, con toda su secuela de estados enfermizos mentales, incluidos en el largo y amplio proceso de la parálisis general; neurosis multiformes causadas por supresiones y traumas como consecuencia de la antigua educación, es decir, supresiones sexuales conectadas con prejuicios sociales, morales y religiosos, represiones de toda clase de impulsos necesarios a la vida a causa de las disciplinas que habían de servir para formar las castas dominadoras; todo lo cual era resultado de los más antiguos padecimientos mentales colectivos cuyas raigambres están en toda la cultura esclavista europea grecolatina.

Sociológicamente, el fracaso de las clases sociales postcoloniales fue su incapacidad para ejercer el poder como tales. Todas ellas desde el postfeudal hasta sus peones, evidenciaron esa incapacidad. A falta de una clase social capaz de hacerlo, tomó el poder la única fuerza que podía ejercerlo, es decir, el instituto político armado, o sea el ejército-policía. Ese ejército mandado por asociaciones de políticos militantes con uniforme o sin él; pero todos armados, ha sido la única fuerza capaz de mantener la cohesión nacional en México y en todos los demás países, semicoloniales como el nuestro, de la Amerindia-Ibérica, sin una sola excepción. En todos nuestros países, el poder del ejército existe siempre como la única verdadera autoridad de gobierno tras las apariencias más o menos civiles y de democracia simulada, personales o de grupo; ese ejército, con todos los grandes defectos que pueda tener y tiene, es lo único que ha hecho posible la existencia nacional de los pueblos amerindios de nuestro continente, después de la separación de sus metrópolis.

Claro está que en las diferentes naciones, todas ellas carentes de economía nacional, que componen lo que se llama América Latina, y siempre dentro del carácter común que tienen todas ellas, ha habido gobiernos más o menos liberales y progresistas y algunas veces grandemente heroicos como en el caso del Paraguay, luz del americanismo indio dentro de la noche latinoamericana, siempre en busca de amos extranjeros. El carácter progresista de estos gobiernos, que innegablemente lo han tenido algunos de los de México y del resto de los países al sur del Río Bravo, ha sido determinado por los fenómenos sociales, con repercusión natural en la fisonomía de la cultura, originados por las necesidades de la industrialización moderna para provecho de los capitales invertidos en ella, y el ineludible elevamiento del standard de vida de las masas, con objeto de crear consumidores para las industrias establecidas por el capital; es decir, que la fuerza propulsora de ese progresivismo ha sido el adelanto en la capacidad de organización y, en consecuencia, la mentalidad de los productores obreros y campesinos industrializados, que han surgido necesariamente al verificarse este fenómeno social.

Precisamente ese fenómeno, con sus fluyentes contradicciones dialécticas, continuamente crecientes, ha hecho resurgir, retoñar, el viejo tronco de la antigua cultura indo-americana que un colonialismo arcaico y retrasado, establecido para tratar de hacer sobrevivir el feudalismo moribundo en Europa, y más tarde una subburguesía semicolonial inepta surgida en el país pseudoindependiente, no lograron destruir. Esta supervivencia es una de las más valiosas partidas positivas, producidas por las contradicciones dialécticas en el debe y el haber de la historia de México, para beneficio de la sección progresista del pueblo mexicano actual y de todos los habitantes del continente americano que quieran marchar hacia un futuro orden social mejor, que puede advenir si saben ellos trabajar para este fin a través de las luchas de nuestro tiempo, llegando a construir una América unificada y verdaderamente democrática.

La línea seguida por el desarrollo de México a través del tiempo y el espacio, naturalmente que no es rectilínea, simple y seca; es más bien como una chispa eléctrica, rápida, pero sinuosa y llena de ramificaciones en su trayecto, que se difunden en la atmósfera que atraviesa. Esta atmósfera social e histórica de México es complicadísima por la diversidad de los múltiples elementos que la componen.

En los ejemplos, actuales y pasados, del arte de México se leen clarísimamente las modalidades del desarrollo social del país. El arte producido en México más espontánea y libremente, el arte del pueblo para el pueblo, delimita con gran claridad sus dos grandes elementos de origen, pero en él, sin coerción del exterior se acomodan armónicamente sin mezclarse ni bastardearse. Así sucede en la pintura de los exvotos, "retablos" que llamamos nosotros; en ellos se conserva el sentido plástico amerindio, con su realismo monumental que permanece efectivo hasta dentro de las dimensiones físicas más pequeñas, y el enorme poder colorista del indio. Por otra parte, se acepta el elemento místico suspendido en la atmósfera de la pintura como un ornamento del cielo y nada más, mientras que el materialismo ocultista y poético rige a los personajes que, sobre la tierra, han creído beneficiarse con el milagro de Cristo, la Virgen y los santos españoles, que flotan sostenidos por nubes místicas. Los retablos son el mejor producto del mesticismo en el México semicolonial de todo el siglo XIX y principios del XX. Entonces fue *José María Velasco, mexicano*, el héroe limpio de todo españolismo en su pintura.

Hacia 1921 empiezan a presentarse en el arte de México síntomas que traducen el impulso de su pueblo por salir del estado semicolonial y reconquistar su independencia económico-política; surgir con su propia personalidad libre en el mundo. Toda la pintura mexicana que tiene algún valor positivo, producida durante el periodo de 1921 a 1943, refleja como un espejo ese estado de cosas. Como contrapartida dialéctica a la adquisición positiva que es la moderna pintura mexicana, coexisten aquí con ella, manifestaciones plásticas que continúan ofreciendo carácter semicolonial y subalterno; son imitaciones lamentables y provincianas del arte de las metrópolis europeas; son iguales a los miserables subproductos de artistas norte y sudamericanos que padecen del mismo mal, en contraste con los que en Estados Unidos y Sudamérica empiezan ya brillantemente a afirmar la existencia independiente del arte y la cultura de América. Los pseudoartistas que padecen todavía la endemia semicolonial que los convierte en lacayos del europeo, se pueden dividir en dos grandes grupos:

a) Los que copian los productos más inferiores del arte burgués y pequeño burgués europeo, autores de originales para cromos destinados a venderse en las iglesias o adornar los calendarios exfoliadores y las revistas comerciales; retratos de personas de mal gusto, "cuadros" que sólo pueden verse ya en casas de generales y nuevos ricos con poco mundo, y, lo que es mucho más lamentable, hasta retratos oficiales de jefes de Estado.

b) El grupo de los más astutos y avisados, jóvenes antiguos y modernos, proveedores de galerías de arte, que al academismo que copiaban desde San Carlos a Murillo, Rafael, Ingres... o Clavé-Fabrés, han substituido con un nuevo academismo que trata de copiar, desde allí y desde todas partes, a Picasso, Chirico, Miró... o Dalí-Sert. No hay digestión sin desechos.

En medio del panorama de toda la pintura mexicana de calidad, producida durante los últimos veinte años, como diamante en el centro mismo de un gran joyel, clara y dura, preciosa y cortante, esplende la pintura de Frida Kahlo Calderón. Del retablo desaparecieron el Cristo, la Virgen y los santos. En lugar de un milagro cualquiera, es el milagro permanente lo que constituye el tema de la pintura, es decir, el contenido vital siempre fluyente, siempre diferente y siempre el mismo en su circulación venosa y sideral. Una vida contiene los elementos de todas las vidas, y si se penetra hasta el fondo de ella, se encuentra la profundidad abismal, la altura vertiginosa y los tejidos de ramificaciones infinitas prolongándose en siglos de luz y de sombra de LA VIDA. Por eso, el retablo de Frida pinta siempre su propia vida. Las dos Fridas, una igual a la otra pero diferentes entre sí.

El alemán analista constructo-destructor y escéptico alucinado –los genes del padre–, prevaleció, limpiándolo, contra todo lo español y aliándose a lo indio –genes de la madre–. Tras la puerta del cielo, abierta de par en par, sólo había el espacio implacable y maravilloso, desde donde el Sol y la Luna están al mismo tiempo sobre las pirámides, portentosas de grandeza en su microscópico tamaño en relación al astro y al planeta, e inmensas en sus sistemas de proporciones que son los del universo entero. La niña sentada en el centro del mundo poseía el avión juguete que iguala en velocidad, mucho mayor que la de la luz, a la de la imaginación-razón, que conoce estrellas y ciudades antes de llegar a ellas por telescopio y locomotoras. Velocidad que reside en Frida, sola en el espacio maquinizado, tendida sobre un catre, desde donde ve llorando que la vida-feto es flor-máquina, caracol lento, maniquí y armadura ósea en su apariencia, pero en su realidad esencial sobre imagi-razón que viaja más de prisa que la luz.

Autorretrato recurrente que nunca se parece el uno al otro, y cada vez, se parece más a Frida, cambiante y permanente como la dialéctica universal.

El realismo monumental esplende; el materialismo

ocultista está presente en el corazón cortado en dos, la sangre fluyente de las mesas, las tinas de baño, las plantas, las flores y las arterias que cierran las pinzas hemostáticas del autor.

El realismo monumental se expresa en su más pequeña dimensión; las cabezas pequeñísimas están esculpidas a pincel como si fueran de tamaño colosal, así aparecen cuando las amplifica al tamaño de todo un muro la magia de un proyector. Cuando la fotomicroscopía amplifica el fondo ocular de Frida, aparece la razón; los tejidos de venas y las redes de celdillas son diferentes, faltan elementos para que se aumente con una nueva percepción el capital total del arte de la pintura.

Son retablos los de Frida que no se parecen a los retablos ni a nadie ni a nada más. Colectivo-individual es el arte de Frida. Realismo tan monumental que en su espacio todo posee N dimensiones; en consecuencia, pinta al mismo tiempo el exterior, el interior y el fondo de sí misma y del mundo. En el cielo de oxígeno más hidrógeno más carbono, comprimotor electricidad, los espíritus del espacio, Hurakán, Kukulkán y Gukamatz están solos con los padres y los abuelos y ella está en la tierra y en la materia, el trueno, el relámpago y el rayo, que en su conversación, finalmente construyeron al hombre; pero para Frida lo tangible es la madre, el centro de todo, la matriz; mar, tempestad, nebulosa, mujer.

Y Frida es el único ejemplo en la historia del arte de alguien que se desgarró el seno y el corazón para decir la verdad biológica de lo que siente en ellos, y poseída de la razón-imaginación que es más rápida que la luz, pintó a su madre y a su nodriza, sabiendo que en realidad no conoce sus rostros, el de la "nana" nutridora sólo es máscara india de piedra dura, y sus glándulas, racimos son que gotean leche como lluvia que fecunda tierra, y lágrima que fecunda placer; y el de la madre, *mater* dolorosa con los siete puñales del dolor que hacen posible el desgarramiento por donde emerge la niña Frida, única fuerza humana que desde el portentoso maestro azteca que esculpió en basalto negro, ha plastificado el nacimiento en su misma y real, acción"

Nacimiento que produjo la única mujer que ha expresado en su obra de arte los sentimientos, las funciones y la potencia creativa de la mujer, con KALIS-TEKNIKA insuperable.

Nacimiento que produjo la pintora más pintor y la prueba mejor de la realidad del renacimiento del arte de México.

Publicado en el *Boletín del Seminario de Cultura Mexicana*. Secretaría de Educación Pública, Tomo 1º, Nº 2, octubre de 1943.

Frida Kahlo de Rivera

André Breton

Donde se abre el corazón del mundo, liberado de la opresiva sensación de que la naturaleza, la misma en todas partes, carece de impetuosidad, de que pese a cualquier consideración de razas el ser humano, hecho en molde, está condenado a no realizar más que lo que le permiten realizar las grandes leyes económicas de las sociedades modernas; donde la creación se ha prodigado en accidentes del terreno, en esencias vegetales, se ha superado en gama de estaciones y en arquitectura de nubes; donde desde hace un siglo no deja de crepitar bajo un gigantesco fuelle de forja la palabra INDEPENDENCIA que como ningún otro lanza estrellas a lo lejos, fue allí donde esperé mucho para ir a *sentir* la concepción que me he hecho del arte tal como debe ser en nuestra época: sacrificando deliberadamente el modelo exterior al modelo interior, dando resueltamente precedencia a la representación sobre la percepción.

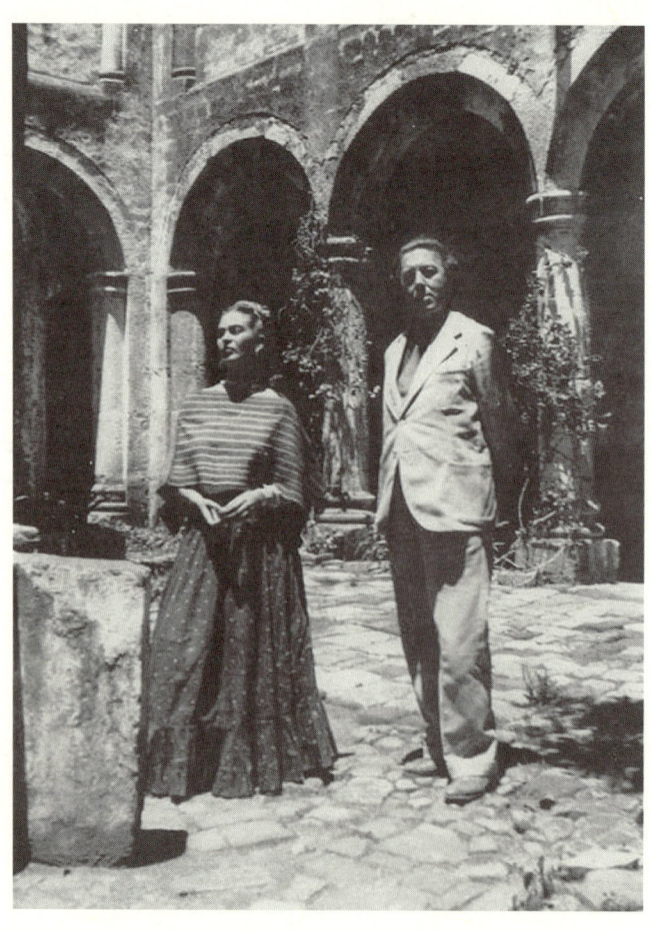

Frida Kahlo y André Breton
en México, 1938

Esa concepción, ¿era lo bastante fuerte para resistir al clima mental de México? Allá, todos los ojos de los niños de Europa, entre ellos el que yo fui, me precedían con mil fuegos embrujadores. Veía, con la misma mirada con que me paseo por los lugares imaginarios, desplegarse a la velocidad de un caballo al galope la prodigiosa sierra que estalla al lado de los rubios palmares, las haciendas feudales arder en el perfume de cabelleras y jazmín de China de una noche del sur, perfilarse más alta, más imperiosa que en ninguna otra parte, bajo los pesados ornamentos de fieltro, de metal y de cuero, la silueta específica del aventurero, que es el hermano del poeta. Y sin esos retazos de imágenes, arrancados al tesoro de la infancia, cualquiera que fuese su poder mágico, no dejaban de hacerme sensibles ciertas lagunas. No había oído los cantos inalterables de los músicos zapotecos, mis ojos seguían cerrados a la extrema nobleza, a la extrema destreza del pueblo indio tal como se inmoviliza en el suelo de los mercados, no me imaginaba que el mundo de las frutas pudiera extenderse a una maravilla como la pitahaya de pulpa gris y sabor de beso de amor y de deseo, nunca había tenido en la mano un bloque de esta tierra roja de la que salieron, idealmente maquilladas, las figurillas de Colima que combinan la mujer y la cigarra, no se me había aparecido finalmente, tan parecida a estas últimas por su porte y además adornada como una princesa de leyenda, con hechizos en las puntas de los dedos, en el trazo de luz del quetzal que al volar deja ópalos sobre las piedras, Frida Kahlo de Rivera.

Estaba allí ese 20 de abril de 1938, dentro de uno de los dos cubos –no sé si era el azul o el rosa– de su casa transparente cuyo jardín lleno de ídolos y de cactos de cabellera blanca como otros tantos bustos de Heráclito no se rodea más que de una hilera de "cirios" verdes, entre los cuales se deslizan por la mañana las miradas de curiosos venidos de toda América y se insinúan las cámaras fotográficas que esperan sorprender el pensamiento revolucionario como a un águila, al descalzarse, en su nido. Es que en efecto, se supone que Diego Rivera anda todos los días de cuarto en cuarto, pasea por el jardín deteniéndose para acariciar a los monos-araña, por la terraza donde asciende por una escalera lanzada sobre el vacío sin protección alguna, con su hermoso andar balanceándose y su estatura física y moral de gran luchador –él encarna, a los ojos de todo un continente, la lucha intensamente llevada contra todas las potencias del esclavizamiento, y para los míos, por lo tanto, lo que puede haber de más valioso en el mundo– y sin embargo, no conozco nada que valga en calidad humana tanto como su domesticación al pensamiento y las maneras de su mujer, así como en prestigio, lo que rodea para él la personalidad hechicera de Frida.

En la pared del gabinete de trabajo de Trotski admiré largamente un retrato de Frida Kahlo de Rivera por ella misma. Con un vestido de alas doradas de mariposa, es muy realmente bajo ese aspecto como entreabre la cortina mental. Se nos permite asistir, como en los mejores días del romanticismo alemán, a la entrada de una mujer joven, provista de todos los dones de seducción y acostumbrada a evolucionar entre hombres de genio. En ese caso, se podría esperar que su espíritu fuera un lugar geométrico: en él se hacen para encontrar su solución vital una serie de conflictos del orden de los que afectaron en su tiempo a Bettina Brentano o a Caroline Schlegel. Frida Kahlo de Rivera se encuentra justamente en ese punto de intersección de la línea política (filosófica) y la línea artística, a partir del cual *deseamos que se unifiquen en una misma conciencia revolucionaria sin que por eso se vean llevados a confundirse los móviles de esencia diferente que los recorren.* Como esa resolución se busca aquí en el plano plástico, la contribución de Frida Kahlo al arte de nuestra época está llamada a adquirir, entre las diversas tendencias pictóricas que se abren camino, un valor divisorio muy particular.

Cuáles no serían mi sorpresa y mi alegría al descubrir, en cuanto llegué a México, que su obra, concebida con total ignorancia de las razones que pudieron impulsarnos a actuar a mis amigos y a mí, en sus últimas telas florecía como surrealismo. En la etapa actual del desarrollo de la pintura mexicana, que desde comienzos del siglo xix es la que mejor se ha sustraído de toda influencia extranjera, la más profundamente amante de sus propios recursos, encontraba en el otro extremo de la tierra esa misma interrogación, espontáneamente brotada: ¿a qué leyes irracionales obedecemos, qué signos subjetivos nos permiten en todo momento dirigirnos, qué símbolos, qué mitos están en potencia en una amalgama de objetos, en una trama de acontecimientos, qué sentido dar a ese dispositivo del ojo que permite pasar del poder visual al poder visionario? El cuadro que Frida Kahlo estaba terminando entonces –"Lo que me dio el agua"– ilustraba, sin que ella lo supiera, la frase recogida por mí de labios de Nadja: "Soy el pensamiento en el baño en la pieza sin espejos".

Ni siquiera le falta a este arte la gota de crueldad y de humorismo que es lo único capaz de ligar las raras potencias afectivas que entran en composición para formar el filtro del que México tiene el secreto. Los vértigos de la pubertad, los misterios de la generación alimentan aquí la inspiración que, lejos de tenerlos como en otras latitudes por lugares reservados del espíritu, se pavonea por el contrario en ellos, con una mezcla de candor e impertinencia.

Llegué a decir, en México, que no había, en el tiempo ni en el espacio, pintura que me pareciera mejor situada que ésta. Añadiré que no hay otra más exclusivamente femenina en el sentido de que, por ser la más tentadora, acepta de buen grado ser alternativamente la más pura y la más perniciosa.

El arte de Frida Kahlo de Rivera es una cinta alrededor de una bomba.

Texto introductorio al catálogo de la exposición *Mexique* celebrada en la galería Renou et Colle, sita en el número 164 del parisino Faubourg de Saint-Honoré, del 10 al 25 de marzo de 1939; exposición, promovida por el propio André Breton, que reunía junto a piezas de arte precolombino, objetos de artesanía y cuadros de los siglos XVIII y XIX, todos ellos procedentes de México, 18 cuadros de Frida Kahlo.

El arte de Frida Kahlo

Carlos Fuentes

[...] Su dolor. Su cuerpo. Estas son las fuentes del arte de Frida Kahlo. Pero no bastan, no son únicas. Allí está su padre, Guillermo Kahlo, el fotógrafo de ascendencia judía, alemana y húngara, cuyos trabajos se aproximan a las rigideces del retrato fotográfico decimonónico. Guillermo Kahlo era muy solicitado para fotos de calendario, acaso capturado aún por el asombro de poderle dar una cara a todos. La cámara, después de todo, le roba este privilegio a la corte y también al burgués. No sólo el rico, no sólo el poderoso, tienen derecho a poseer un rostro. Ya no son necesarios Velázquez o Joshua Reynolds para inmortalizar nuestras facciones únicas, sí, irrepetibles, quizá, pero, ¡ay!, mortales. La cámara, a bajo precio, nos libera del anonimato.

En seguida, hay que mirar hacia los retablos de iglesia mexicanos, los humildes exvotos pintados sobre metal o madera por manos anónimas y en todo caso humildes

también, que nos cuentan un suceso terrible, un accidente, una enfermedad, una pérdida dolorosa. Gracias a
Dios, a los santos, a la Virgen y a sus manifestaciones
locales –Virgen de Zapopan, Santo Niño de Atocha– por
salvar nuestra vida, nuestra salud, por afirmar nuestra
resistencia ante la pérdida, la enfermedad, el dolor.
Gracias por el Milagro.

Y luego tenemos a José Guadalupe Posada, el maravilloso artista gráfico mexicano de la vuelta de siglo, que
dibujó y publicó hojas sueltas informando a los que no
tenían letras ni voces sobre los acontecimientos, grandes
y pequeños, que afectaban su curiosidad y aun sus vidas:
escenas de crímenes, suicidio, estrangulación, escándalo
callejero, pleitos de cantina, revoluciones y monstruosi-
dades. La muerte, catrina o en bicicleta, preside sobre las
noticias. Preside sobre el tiempo y la historia. Sólo los
sueños, incluyendo a las pesadillas, parecen tener existencia autónoma.

Pero Posada desciende de Goya, el español que univer-
salizó lo marginal y lo excéntrico. Desciende de las ron-
das medievales de la pestilencia y la muerte: la danza
macabra. Desciende de Bruegel y su crónica detallada,
nimia, de la vida popular. Y a todos ellos, Kahlo añade
dos pintores favoritos, uno del pasado y otro del presente: Bosch y Magritte. Ellos le enseñan que la fantasía
requiere un pincel realista.

Frida es capaz de regresar a sus orígenes, transformándolos. Anima las fotografías de su padre, aunque retiene algo de sus poses rígidas. Toma también sus calendarios y los llena de un tiempo anterior, una experiencia subjetiva de la noche y el día, del verano y el otoño. "Septiembre", para Frida, es *su* septiembre, no el noveno mes –mes del nacimiento, quizá del aborto– en el calendario sucesivo. El tiempo se detiene sólo para hacerse subterráneo y reaparecer teñido con las imágenes personales de la artista. No es una pintora de sueños, insiste ella misma, sino la pintora de su propia realidad, pintándose a sí misma, porque se encuentra sola y porque es el tema que mejor conoce.

Su realidad es su propio rostro, el templo de su cuerpo roto, el alma que le va quedando.

Como Rembrandt, como Van Gogh, Kahlo nos cuenta su biografía con sus autorretratos. Las etapas de la pasión, los preámbulos de la inocencia, los actos del sufrimiento y, finalmente, la catarsis del conocimiento, son tan evidentes en la artista mexicana como en los autorretratistas holandeses. Pero el aura del extrañamiento, del desplazamiento, de la dislocación de la escena y de los objetos, así como la irracionalidad espontánea de todo ello, también la han asimilado, en ocasiones, al surrealismo.

Breton describió el arte de Kahlo como una bomba amarrada con listones, paráfrasis, a su vez, de la famosa descripción de Lautréamont del arte como el encuentro accidental de una máquina de coser y una sombrilla sobre una mesa de disecciones. Y Kahlo no es extraña, por cierto, al espíritu del surrealismo. Adora las sorpresas. Le gustaría ver leones, en vez de libros, salir de los libreros. Quizá haya una maravillosa inocencia en todo esto. Buñuel visitó a Breton cuando éste se estaba muriendo. El viejo papa del surrealismo tomó la mano del gran cineasta y le dijo: "¿Se da usted cuenta de que nadie se escandaliza ya de nada?"

Es el epitafio al programa de la vanguardia del siglo XX: espantar al burgués.

Sin embargo, Frida Kahlo sigue siendo (junto con Posada) quien mejor nos recuerda que lo codificado por los surrealistas franceses ha sido siempre pan de todos los días en México y Latinoamérica, parte de la corriente cultural, fusión espontánea de mito y hecho, sueño y vigilia, razón y fantasía. Los libros de Gabriel García Márquez y lo que ha llegado a llamarse "realismo mágico" son las imágenes contemporáneas de esta realidad. Y es que la gran contribución del espíritu hispánico, de Cervantes a Borges y de Velázquez a Kahlo, es la certidumbre de que la imaginación es capaz de fundar, si no el mundo, sí un mundo.

Don Quijote, *Las meninas*, los *Caprichos* de Goya, El *Aleph* de Borges, la pintura de Matta, Lam o Tamayo,

Cien años de soledad, añaden a la realidad algo que antes no estaba allí. Este es un proyecto mucho más consciente y agudo en sociedades donde la realidad tiene escasa representación política. El artista es, entonces, quien le da a la sociedad lo que un sistema autoritario o represivo le quita, o no le permite manifestar.

Miguel Angel Asturias, el escritor guatemalteco, y Alejo Carpentier, el novelista cubano, fueron testigos de la revolución surrealista en París durante los años veinte. Pronto se dieron cuenta de que Breton y sus amigos legislaban en Francia algo que ya era ley de la vida y de la imaginación en Latinoamérica. El mito precolombino, los ritos afroamericanos, el hambre barroca, las máscaras del sincretismo religioso, le daban a la América latina su propia patente surrealista, sin necesidad de someterse, en nombre de la libertad de asociación anticartesiana, a muy cartesianas reglas sobre lo que deberían, propiamente, ser los sueños, las intuiciones y la prosodia. [...]

Kahlo se inscribe en esta última corriente del surrealismo, la de la capacidad de convocar todo un universo a partir de los fragmentos de su propio ser y de las persistencias de su propia cultura. Una vasta cultura: ya lo he indicado. De Bosch a Bruegel y Posada, la fotografía, los exvotos y el cine. Kahlo amaba el cine cómico. Laurel y Hardy, los Tres Chiflados, Chaplin, los Hermanos Marx, eran para ella la mejor ocasión para divertirse; y ¿quiénes y qué son estos cómicos? Son los anarquistas modernos, en pugna permanente con la ley, perseguidos por la policía, rebatiendo las exigencias del estado de derecho con pastelazos, zapotazos, y sobre todo, una inocencia invencible.

Sin embargo, a pesar de las múltiples ramas y floraciones en el árbol artístico de Frida Kahlo, siempre brilla el fruto solitario, la cuestión intransferible del artista: ¿por qué y cómo creó Frida Kahlo tan buen arte? Ella misma daría numerosas respuestas. Su amor de la sorpresa (los leones en los libreros), su sentimiento de que la franqueza y la intimidad eran inseparables, su voluntad de eliminar de sus pinturas todo lo que no tuviera origen en los impulsos líricos, interiores, de la artista. Mis temas, dijo, son mis sensaciones, mis estados de ánimo, mis reacciones ante la vida. Y también México, por supuesto, un país donde todo es (o era, A. P: Antes del Plástico) arte, del más humilde utensilio culinario al más opulento altar barroco.

Pero, de nuevo, todo esto no da cuenta, ítem tras ítem, de un arte tan traspasado de belleza. ¿Qué clase de belleza? ¿Es esto belleza, esta secuencia aterradora de heridas abiertas, coágulos sangrientos, abortos, lágrimas negras, en verdad, un mar de lágrimas?

Frida Kahlo, como parte de una herencia europea y mexicana, entendió lo siguiente: una cosa es ser un cuerpo, y otra cosa es ser bella. Kahlo logró establecer distancia ante lo feo sólo para poder ver lo que era feo, cruel o doloroso, con ojos más claros, descubriendo su afinidad, si no con el modelo de belleza a la moda (¿Memling, flacas? ¿Rubens, gordas? ¿Dolly Parton, busto? ¿Brigitte Bardot, nalgas? ¿Mae West o Twiggy?), entonces sí, claramente, con la verdad de su propio ser, su propio rostro, su propio cuerpo. Mediante su arte, Kahlo parece llegar a un acuerdo con su propia realidad: lo horrible, lo doloroso, puede llevarnos a la verdad del conocimiento de nosotros mismos. Entonces, ese arte adquiere el rango de lo bello por el simple hecho de que identifica nuestro ser, porque ilumina nuestras cualidades más internas. Los autorretratos de Kahlo son bellos por la misma razón que lo son los de Rembrandt: nos muestran las sucesivas identidades de un ser humano que aún *no es*, que aún *está siendo*.

Esta manera de concebir la belleza como verdad y autoconocimiento –la verdad como devenir– requiere una valentía sin parpadeos y es el gran legado de Kahlo a los hombres y mujeres marginales, los seres invisibles de un planeta cada día menos visible, más anónimo, donde sólo lo "fotogénico" o lo "escandaloso", como nos lo muestran las pantallas, merece nuestra mirada.

Sócrates, famoso por su fealdad, nos pidió cerrar los ojos a fin de ver "nuestra propia belleza interna". Kahlo va más allá de la exigencia socrática. Nos pide cerrar los ojos y abrirlos en seguida a una nueva visión del mundo. La vista es el más claro de los sentidos, escribió Plotino. Y, sin embargo, la vista no es capaz de mirar el alma. Esto es así, añade el filósofo neoplatónico, porque si fuésemos capaces de ver el alma, seríamos víctimas de un terrible amor, un amor intolerable. Sólo la belleza posee el privilegio de ver el alma sin quedarse ciega. Tal es el privilegio de Frida Kahlo. Desde luego, su arte no es una manera absoluta de descubrir la interioridad personal y la identificación de la personalidad del alma con la belleza a pesar de las apariencias externas. Es algo más. Es una aproximación al propio ser, al devenir, al *aún no* que todos somos. Nunca un punto final, siempre un acercamiento, siempre una búsqueda de la forma que, al alcanzarse, adquiere el rango estético que evoqué hace un momento, citando a Yeats: "Toda cambiada, totalmente transformada, nace una terrible belleza."[...]

Fragmento de la Introducción al *Diario de Frida Kahlo, un íntimo autorretrato*, La Vaca Independiente, Ciudad de México, 1995.

Frida Kahlo, Tina Modotti y María Izquierdo

Octavio Paz

La exposición conjunta, en un museo de la ciudad de México, de las obras pictóricas de Frida Kahlo y de una serie de fotografías de Tina Modotti presenta una coexistencia biográfica –las dos vivieron durante algunos años en la misma ciudad y frecuentaron los mismos círculos– como si fuese una coincidencia artística y una camaradería política. Doble equívoco, artístico y moral. Como artistas, Frida y Tina no pueden ser más distintas: la primera fue, desde el principio hasta el fin, una pintora; la segunda sólo dedicó unos pocos años de su vida al arte de la fotografía y los demás a la militancia política, al lado de sucesivos compañeros y amantes, todos ellos dirigentes estalinistas. Para Tina la fotografía fue un incidente, ligado a sus amores con su maestro y amante, el fotógrafo Edward Weston; para Frida, la pintura fue la pasión de toda su vida. La obra fotográfica de Tina es más bien escasa y ostenta la huella de la personalidad de Weston. Es una obra derivada. La pintura de Frida, nacida de la conjunción entre una visión muy personal del mundo y una

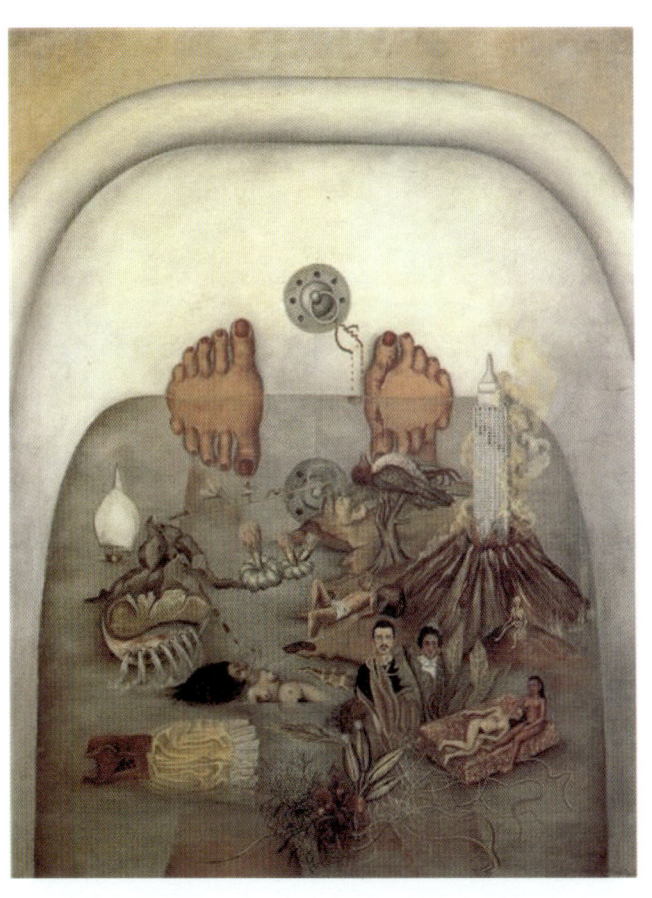

Frida Kahlo, *Lo que el agua me dio*, 1938
Colección Daniel Filipacchi, París

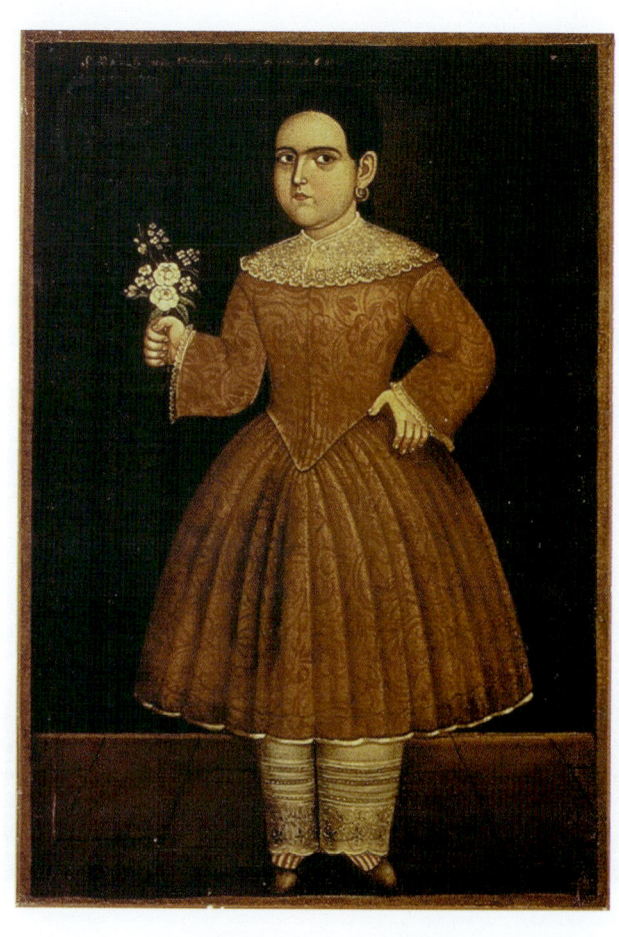

Anónimo mexicano, siglo XIX
Niña con ramo de flores

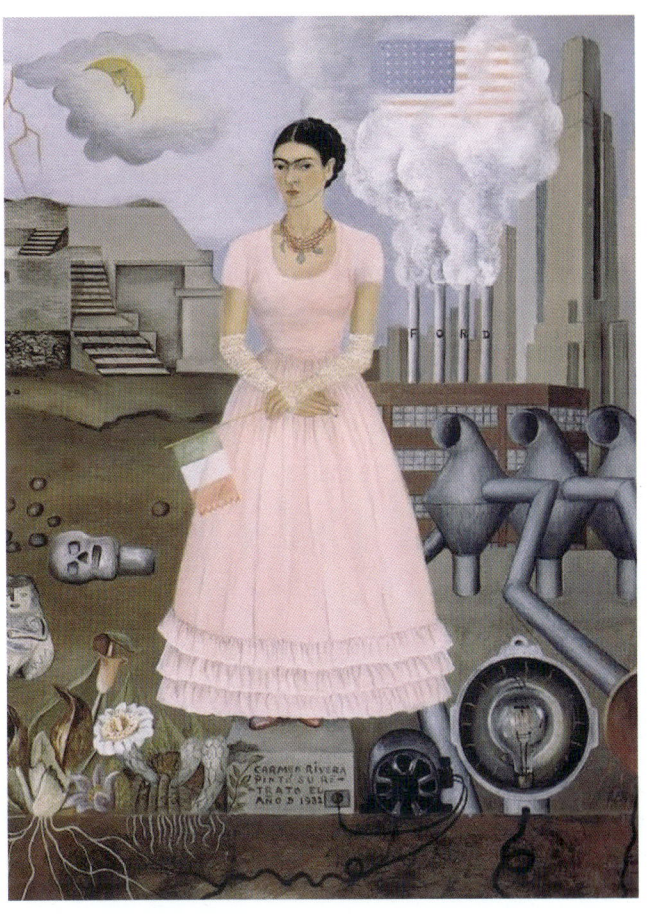

Frida Kahlo, *Autorretrato en la frontera entre México y Estados Unidos* (detalle), 1932, Detroit Art Institute

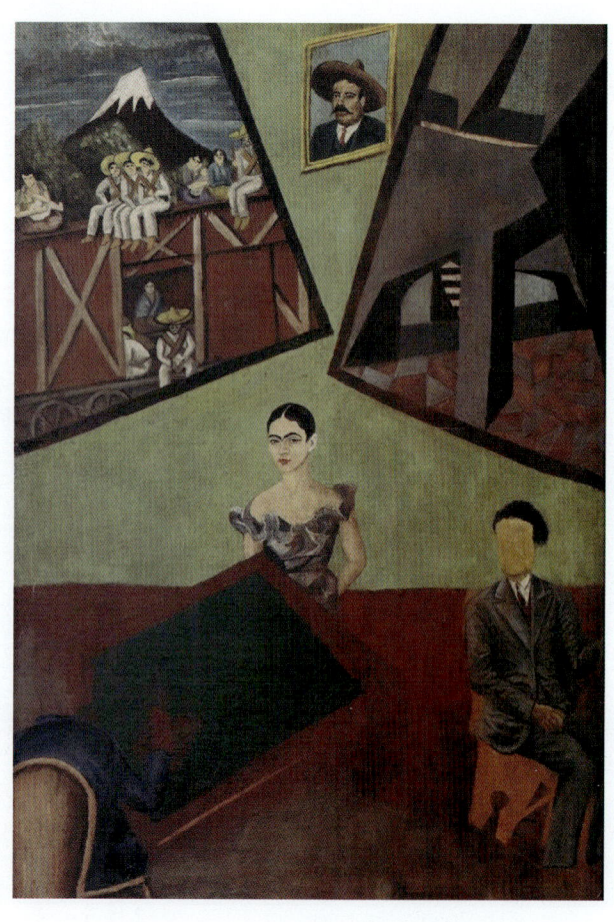

Frida Kahlo, *Pancho Villa y la Adelita*, 1927
Instituto de Cultura Tlaxcalteca, México

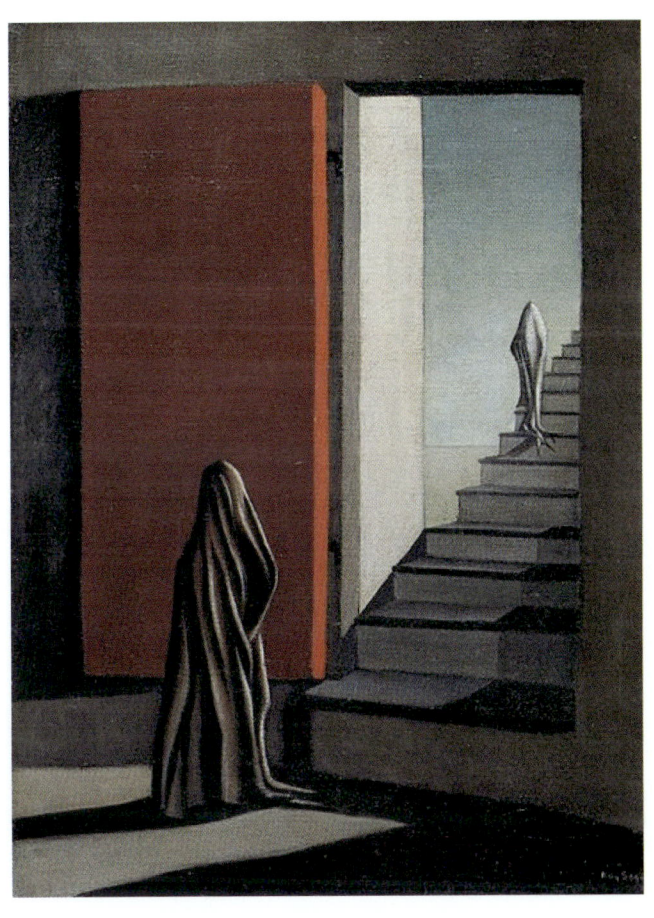

Kay Sage, *Las catorce puñaladas*, 1942
The American Folk Art Museum, Nueva York

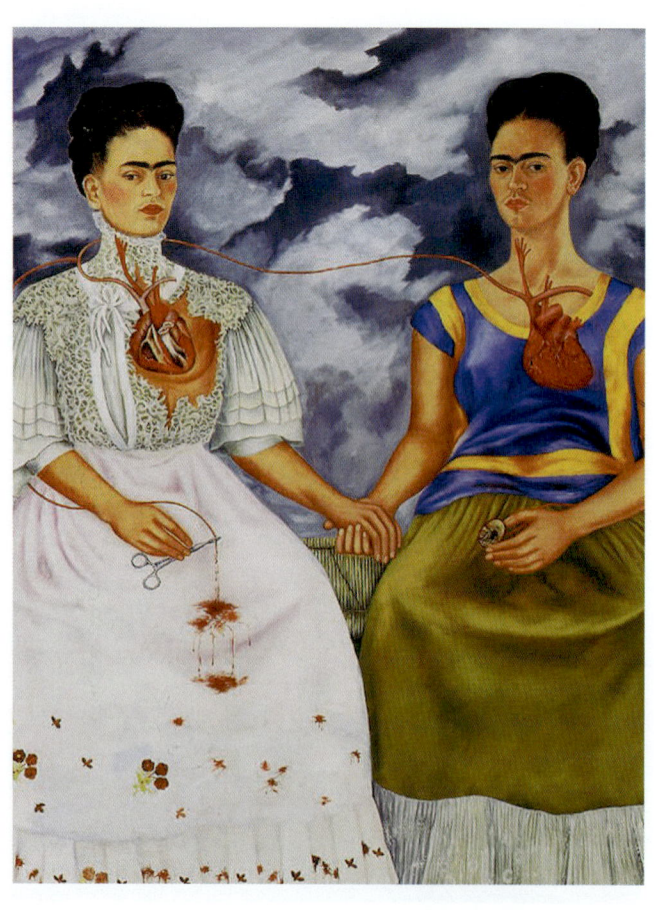

Frida Kahlo, *Las dos Fridas* (detalle), 1939
Museo de Arte Moderno, Ciudad de México

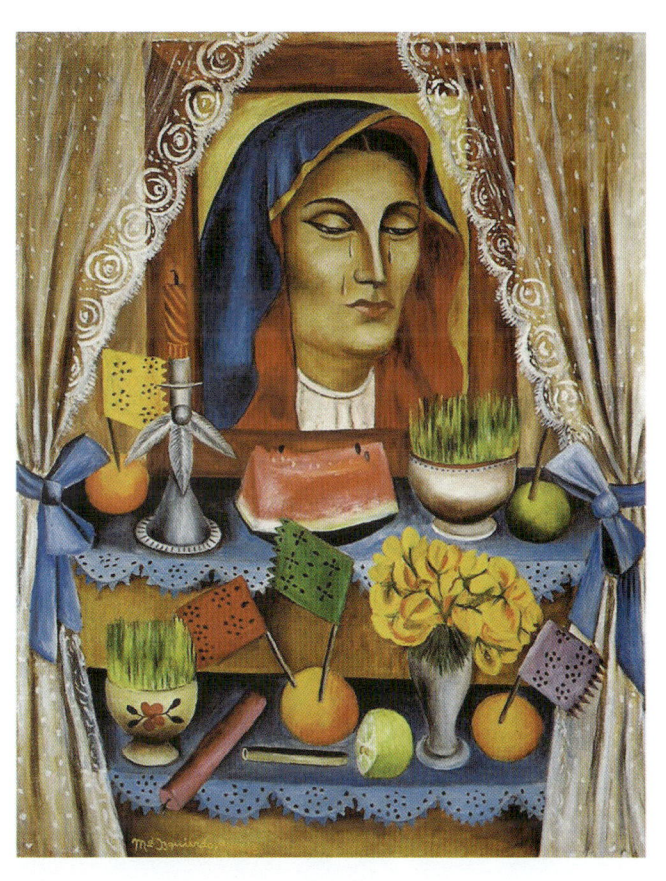

María Izquierdo, *Viernes de Dolores*, 1944
Museo Colección Blaistein, Ciudad de México

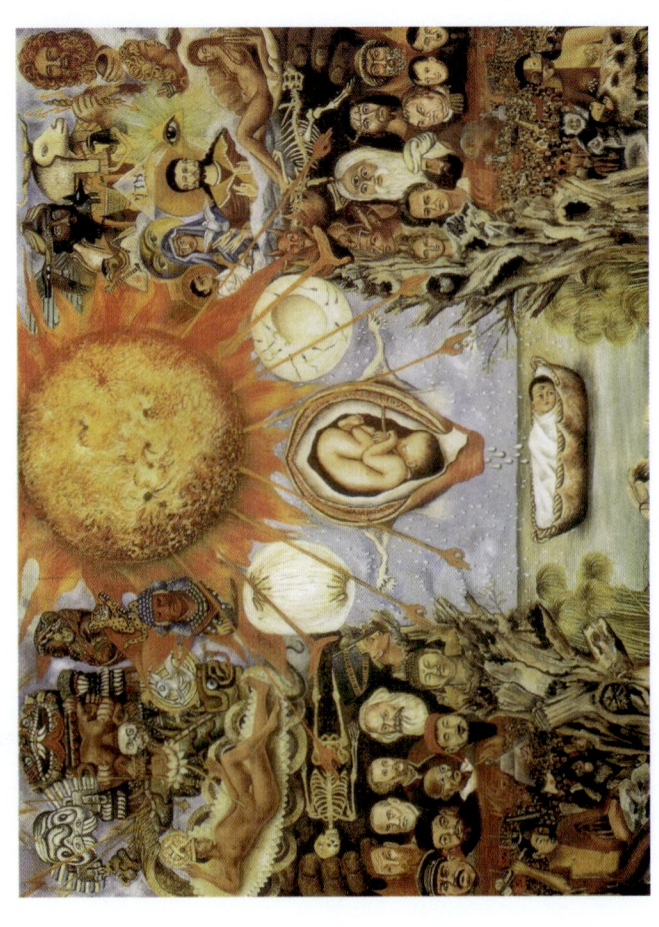

Frida Kahlo, *Moisés*, 1945
Museum of Fine Arts, Houston

maestría de ejecución poco frecuente, es un universo propio y autosuficiente que poco o nada debe al arte de Diego Rivera y los otros pintores mexicanos. Frida está más cerca, como artista, de un Max Ernst o de un Delvaux que de un Rivera o un Siqueiros. Su realismo –si su arte tolera ese marbete– es el antípoda del realismo socialista. Nada menos ideológico que las visiones a un tiempo precisas y alucinantes que nos presentan sus cuadros.

El equívoco artístico se convierte en trampa moral cuando se convierte a estas dos mujeres en figuras piadosas del mismo santoral político. Frida no se distinguió por la coherencia de sus ideas y actitudes políticas. Durante muchos años fue trotskista, como su marido, Diego Rivera; cuando Diego rompió con Trotski y la Cuarta Internacional, Frida lo siguió dócilmente. Años más tarde Diego escribió una abyecta carta de retractación, dirigida al Comité Central del Partido Comunista de México, en la que pedía ser readmitido. Frida lo siguió por el camino de las abjuraciones. Al final, ambos murieron en loor de santidad estalinista. Ninguno de los dos fue un modelo de consistencia moral y política. Tina mostró más firmeza y persistencia que Frida; desde muy joven fue estalinista y nunca dejó de serlo. Su nombre estuvo mezclado a varios asesinatos políticos: ¿tuvo alguna participación en ellos? No sabría decirlo. Durante toda su vida calló: ¿su silencio fue connivencia, complicidad o terror?

Se ha presentado a Frida y Tina como camaradas. Es verdad que por algunos años fueron amigas pero cuando Diego fue expulsado del Partido Comunista en 1929 –el mismo año de su matrimonio con Frida– Tina rompió con ellos. Cerca de quince años después Tina regresó a México con Vittorio Vidali, su compañero. Diego lo atacó inmediatamente, acusándolo de haber cometido graves crímenes políticos en España, como el asesinato de Andreu Nin. No es fácil que Frida viese con buenos ojos a Vidali y a su mujer: apenas si necesito recordar que uno de sus amores había sido un joven militante del POUM, el partido de Nin diezmado por los estalinistas. A poco murió Tina sin haberse reconciliado con Diego y Frida.

Nada de eso se ha dicho en los artículos sobre las dos mujeres publicados en la prensa mexicana los últimos meses. A riesgo de desilusionar a alguna feminista, agrego que en algo se parecen Frida y Tina: ninguna de las dos tuvo pensamiento político propio. Al seguir una causa, siguieron a sus maridos y amantes. Nos interesan no como militantes sino como personas complejas y pasionales. Sus figuras pertenecen más a la historia de las pasiones que a la de las ideologías.

México, 1983

"Frida y Tina: vidas no paralelas" artículo recogido
en Al paso, Barcelona, Seix Barral, 1992

[...] Este período es memorable por la aparición de dos mujeres que fueron dos grandes artistas: Frida Kahlo y María Izquierdo. Se trata de un fenómeno único en la historia de la pintura mexicana. Aunque fueron contemporáneas, sus personalidades eran muy distintas y sus obras se despliegan en direcciones opuestas. Las dos son deudoras del surrealismo; asimismo, ambas mostraron predilección por los temas mexicanos.

En cuanto a Frida: fue una artista a un tiempo limitada e intensa; su forma, casi siempre, fue perfecta y esa perfección hizo que las materias inflamables que contenía –sueño, sexo, muerte– ardiesen con una suerte de suntuosa violencia. En su formación la tradición académica fue determinante. Su dibujo, su composición y la maestría con que pintó al óleo, revelan al artista culto, que ha pasado por la academia. Naturalmente, Frida Kahlo fue algo más que una correcta académica: fue un intenso poeta visual y sus visiones fueron muchas veces incorrectas, como lo son todas las revelaciones que brotan de nuestros abismos interiores.

En los cuadros de Frida aparece con cierta frecuencia un elemento verbal, generalmente una expresión popular o un lugar común, que ella convierte en una imagen poética que, a su vez, transforma en una imagen visual. Un ejemplo entre varios: *La niña de mis ojos*. La chispa poética enciende la frase coloquial y, en un segundo movimiento, la artista convierte la metáfora verbal en representación visual. Tres niveles: el popular, el poético y el pictórico. Algunos críticos han visto en estos juegos sobre todo, o exclusivamente, la familiaridad inteligente e inventiva con que Frida manejaba las tradiciones y formas populares, es decir, subrayan el popularismo y el nacionalismo de la pintora. Pero hay algo más y más determinante: el procedimiento que convierte a esos elementos verbales en combustibles poéticos es característico de la pintura surrealista. Frida asimiló con inmensa originalidad y maestría esta lección del arte surrealista.

Sus imágenes visuales fueron, casi siempre, verdaderas explosiones del subsuelo psíquico, quiero decir, fueron simultáneamente *pinturas* y *revelaciones*. De muy pocos artistas se puede decir esto. En las metáforas visuales de Frida hay una autenticidad impresionante; ante sus cuadros casi siempre podemos decir: *esto es verdad, esto ha sido vivido, padecido y recreado*. Frida sufrió mucho. Era valiente y era narcisista. Así, no tuvo escrúpulos en mostrar en sus cuadros las heridas y llagas de su cuerpo martirizado por la enfermedad y los cirujanos. A veces, debo confesarlo, ese *pathos* me abruma: me conmueve pero no me seduce. Siento que estoy ante una queja, no ante una obra de arte. Esta complacencia en el patetismo daña, a veces, algunos cuadros de Frida Kahlo. Nuestra pintora se salva, casi siempre, gracias a la intervención de sus dos grandes dones de poeta visual: el humor y la fantasía. Dos facultades que, al servicio del pequeño gran artista que fue Frida, son capaces de convertir la realidad de todos los días en una imagen relampagueante en la que se funden los dos polos de la existencia.

Es explicable la fascinación de André Breton cuando, en 1938, vio por primera vez uno de sus cuadros: *Lo que el agua me ha dado*. Realismo sangriento pero realismo con alas y llamas. Realismo transfigurado: surrealismo. La mejor y más sucinta definición del arte de Frida Kahlo también es de André Breton: "su pintura es una bomba envuelta por una cinta de seda". Añado: sí, una cinta bordada, azul o rosa, en la que una niña perversa ha escrito, con una caligrafía de pájaro, un mensaje de palabras aladas y punzantes.

México, 1988

Fragmento de "Solitarios e independientes", incluido en el octavo tomo -*Los privilegios de la vista*- de *La obra de Octavio Paz*, México, Fondo de Cultura Económica, 1989.

[...] Frida y Diego vivían lejos de los escritores y los artistas mexicanos. Su mundo era internacional: críticos y periodistas norteamericanos, celebridades, gente rica.

[...] Frida y María [Izquierdo] se parecían en el folklorismo indumentario; como personas y como artistas poco o nada tenían que ver. El atuendo de María era más fantástico que el de Frida; quiero decir, los trajes de Frida eran realmente prendas regionales mientras que los de María eran versiones fantasiosas de las modas populares. Las ropas de María, a pesar de su hieratismo, recubrían a una personalidad simple, popular; las de Frida, a una personalidad compleja y nada popular.

[...] Es absurdo negar la influencia del surrealismo en la pintura de Frida, como han intentado hacerlo algunos críticos nacionalistas... Las diferencias entre María y Frida son evidentes y saltan a la vista. Empezando por los nombres: Frida es un nombre extranjero y, entre nosotros, aristocrático; en cambio, María es pueblo puro. Después, el origen social: Frida venía de una familia acomodada y culta; María salió del pueblo, de la provincia. Una era medio europea (alemana) y otra acusadamente indígena. Frida conoció los talleres académicos y las aulas universitarias; María pasó fugazmente por San Carlos; en realidad, se hizo sola, con sus amantes, sus compañeros de oficio y algunos escritores que la trataron. Incluso su sexualidad fue distinta. Mejor dicho: opuesta. Frida tuvo siempre algo de muchacho: la esbeltez, la travesura, el bozo poblado; de joven, le gustaba vestirse de hombre. La masculinidad de Frida no sólo es visible en su físico sino en su bisexualismo: sus grandes pasiones fueron mujeres. Su relación con Diego –una figura obesa, fofa– fue la del muchacho con la madre inmensa, oceánica. Una madre toda vientre y vastas mamas. María fue lo contrario. Profundamente femenina, su relación con sus amantes y sus amigos fue maternal. Fue una encarnación de la poderosa pasividad de la madre tradicional, a la mexicana. Amparó a Artaud, protegió a Raulito e incluso soportó con estoicismo de "sufrida mujer " las violencias verbales y físicas de algún otro.

En Frida, el *narcisismo* es central; en María, como en todos los arquetipos femeninos tradicionales, la palabra clave es *sacrificio*. Frida, activa; María, pasiva. Otra diferencia: sus carreras. Frida logró la fama internacional, María fue reconocida por unos cuantos y únicamente en nuestro país. Su relación con México también fue distinta. Frida quiso ser mexicana con pasión pero su mexicanismo es una máscara; lo que cuenta en ella no es el folklore (tampoco en Diego, otro pintor culto y académico) sino el genio poético, la fantasía, el humor. En cambio, María no quería ser mexicana: no tenía más remedio que serlo. En María, como ser humano y como artista, hay fatalidad y espontaneidad; en Frida hay una trágica voluntad por sublimar y transformar en arte sus terribles sufrimientos. Frida tenía más fantasía y era más inteligente; sin embargo, en la pobreza de sus recursos, María poseía mayor poder visual. Tenía menos oficio que Frida –su dibujo era simple, su composición ingenua– pero su instinto era más seguro y más profundo su sentido del color y de las relaciones cromáticas. Hay más vuelo en Frida, más tierra en María. En Frida hay un dramatismo y un humor que no aparecen en María. Al decir esto, digo también que la pintura de María es más pintura que la de Frida. Las comparo no para achicar a una y engrandecer a la otra: intento distinguirlas. Admiro a las dos por razones diferentes.

Fragmento de "María Izquierdo sitiada y situada", incluido en el octavo tomo *-Los privilegios de la vista-* de *La obra de Octavio Paz*, México, Fondo de Cultura Económica, 1989.

PALABRAS DE FRIDA KAHLO SOBRE LA PINTURA

CARTA A ALEJANDRO GÓMEZ ARIAS

Domingo, 27 de marzo de 1927

[...] Ahora, desde que te fuiste, no hago nada en el día, nada, no puedo hacer nada, ni leer pero ahora no me dan ganas de hacer nada. Sin embargo, comprendo que no debo ser así, al contrario, voy a estudiar todo lo que pueda y ahora que me alivie voy a pintar y a hacer muchas cosas para que cuando vengas sea yo un poco mejor.

PÁRRAFO DE CARTA ESCRITA en San Francisco, California

Febrero 12 de 1931

[...] Estoy pintando, he hecho ya seis cuadros que les han gustado bastante. La gente de aquí nos ha tratado muy bien, y los mexicanos que hay aquí en San Francisco son puras muías, no te imaginas; sin embargo, idiotas hay dondequiera, y hay cada gringo que válgame Dios, como ladrillos de brutos, pero tienen todos, en general, muchas ventajas, no son tan sinvergüenzas como en nuestro adorado México. [...]

CARTA A ISABEL CAMPOS

San Francisco, California, mayo 3, 1931

[Aquí] no tengo amigas. Una o dos que no pueden llamarse amigas. Así es que me paso la vida pintando. Para septiembre haré una exposición (la primera) en Nueva York. Aquí no me alcanzó el tiempo y sólo pude vender algunos cuadros. Pero de todas maneras me sirvió de mucho venir, pues se me abrieron los ojos y vi hartas cosas nuevas y suaves. [...]

CARTA A DIEGO RIVERA

Nueva York, enero 9, 1939

[...] El cuadro de la muerta me está quedando bien, lo único que no puedo dar es el espacio entre las figuras, y el edificio parece una chimenea de esas cuadradonas, y se ve como muy chaparro.

Cada día me convenzo más de lo mula que soy como dibujante y lo pendeja que me siento cuando quiero dar en la pintura algo de distancia. Qué daría yo por ver lo que estás haciendo ahora, lo que pintas, por poder estar cerca de ti y por dormir contigo en nuestro cuartito del puente; extraño tanto tu risa, tu voz, tus manitas, tus ojos, hasta tus corajes, todo, mi niño, todo tú, eres ya mi vida misma, y nada ni nadie puede cambiarme. […]

CARTA A ELLA WOLFE

Miércoles 13, 1938

[…] Como podrás observar, he pintado, lo que ya es algo, pues me he pasado la vida hasta ahora queriendo a Diego y haciéndome guaje respecto al trabajo, pero ahora sigo queriendo a Diego y, además, me he puesto seriamente a pintar monitos. […]

CARTA A ALEJANDRO GÓMEZ ARIAS

Nueva York, 1 de noviembre de 1938

Alex, el mero día de mi exposición te quiero platicar aunque sea este poquito.

Todo se arregló a las mil maravillas y realmente me cargo una suerte lépera. La manada de aquí me tiene gran cantidad de cariño y son todos de un amable elevado. El prefacio de A. Breton no quiso Levy traducirlo y es lo único que me parece un poco apenas, pues tiene aspecto medio pretensiosón, pero ahora ¡ya ni remedio! ¿A ti qué se te hace? La galería es padre y arreglaron los cuadros muy bien. ¿Viste *Vogue*? Hay tres reproducciones, una en color – la que me parece más *drepa*–, también en *Life* aparecerá algo esta semana. j

En una colección privada de pintura vi dos maravillas, una de Piero della Francesca, que me parece de lo más dientoncísimo del mundo, y un Grequito, el más chiquitito que he visto, pero el más suave de todos. Te voy a enviar las reproducciones. […]

CARTA A JULIEN LEVY

México, 1938

[...] Nunca pensé en la pintura hasta 1926, cuando tuve que guardar cama a causa de un accidente automovilístico. Me aburría muchísimo ahí en la cama con una escayola de yeso (me había fracturado la columna vertebral así como otros huesos), por eso decidí hacer algo. Le robé unos óleos a mi papá, y mi mamá mandó hacer un caballete especial, puesto que no me podía sentar. Así empecé a pintar.

CARTA A DIEGO RIVERA

Coyoacán, junio 11 de 1940

[…] Ahora te hablaré de mí como me pides en tu carta. Ya no creo necesario decirte mucho, porque tú lo sabes bien. He sufrido lo indecible y mucho más ahora que tú te fuiste. En estos últimos días, es decir, semanas naturalmente, no he pintado, y creo que pasarán otras tantas hasta que me sienta mejor y comience de nuevo. Como los meses se van pasando rápidamente, no creo poder hacer la exposición en Nueva York para enero. Le escribí a Levy pero no me ha contestado, ni siquiera sé lo que habrá pasado con mi pintura de La mesa herida que se llevó Miguel para entregársela a Levy. De la exposición, no tengo la menor noticia. Lo que me dices en tu carta sé que es muy amable de tu parte pero bastante dudoso, pues desgraciadamente no creo que a nadie le haya interesado lo mío. No hay ninguna razón para que se interesen y mucho menos que yo lo crea.

Tenía la esperanza de que se me arreglara lo de la Guggenheim para este mes, pero ni quinto de respuesta, ni quinto de más esperanzas. […]

Coyoacán, 1944, México

[...] Les contaré sin gran detallamiento sino "someramente" cómo me encuentro:

SALUD: Regular parche, todavía resiste mi espinazo unos cuantos trancazos más.

AMOR: Mejor que nunca porque hay entendimiento mutuo entre los cónyuges, sin detrimento de la libertad justa en los casos semejantes para cada uno de los casoriados; eliminación total de celos, discusiones violentas y malentendidos. Gran cantidad de dialéctica basada en la experiencia anterior. ¡He dicho! "Mosca": Exigua cantidad, casi cero, pero va alcanzando para los menesteres más urgentes: comedera, ropaje, contribuciones, cigarros, y una que otra botella de tequila añejo "Cuervo" cuyo costo es de $350 (de a litro).

TRABAJO: Demasiado para mis ímpetus porque ahora soy *máistra* en una escuela de pintura (elevación de categoría, pero descanso de juerzas). Entro a las 8 a.m. Salgo a las 11 a.m., dedico 1/2 hora para recorrer la distancia entre la escuela y mi cantón = a 12 a.m. Organizo en parte lo necesario para que se viva más o menos en forma "decente", que haya comida, toallas limpias, jabón, mesa puesta, etc. = a 2 p.m. Procedo al trague, luego al *ablucionen* de las manoplas y de las bisagras (sin z, con s, y significa dientes o boca).

Me queda la tarde para dedicarme a la bella pintura, siempre estoy haciendo cuadriches, pues apenas acabo uno lo tengo que vender para que me ajuste la mosca para todos los gastos del mes. (Cada cónyuge coopera para el sostenimiento de la mansión.) En la nocturna me largo a algún cinemato *u* pinche teatro, y regreso a dormir cual piedra. (A veces el insomnio me abruma y entonces me lleva la re... cién casada!!!!)

Licor: He logrado que mi voluntad *férrea* me ayude a aminorar la cantidad de licor ingerible, reduciéndola a dos "copio... sas lágrimas" *by day*. Solamente en *raras* ocasiones la *ingerencia* aumenta de volumen, y se transforma por magia en una "mona" con su respectiva "cruda" matutina; pero estos casos no son de gran frecuencia ni eficacia.

CARTA A ANTONIO RODRÍGUEZ

1944

[...] Algunos críticos han tratado de clasificarme como surrealista, pero no me considero como tal [.. .] En realidad, no sé si mis cuadros son surrealistas o no, pero sí sé que representan la expresión más franca de mí misma [...] Odio el surrealismo. Me parece una manifestación decadente del arte burgués. Una desviación del verdadero arte que la gente espera recibir del artista

[...] Quisiera ser merecedora, junto con mi pintura, de la gente a la que pertenezco y de las ideas que me dan fuerza [...] Quisiera que mi obra contribuyera a la lucha de la gente por la paz y la libertad...

DESCRIPCIÓN DEL SURREALISMO

(escrito detrás del dibujo Fantasía I) *1944*
El surrealismo es la mágica sorpresa de encontrar un león dentro de un armario, donde se está seguro de encontrar camisas.

HABLANDO DE UN CUADRO MÍO, de cómo, partiendo de una sugestión del ingeniero José D. Lavín y una lectura de Freud, hice un cuadro de Moisés

Por FRIDA KAHLO
Exclusivo para [la revista] *Así*, 1945

Con frecuencia el público explica y quiere saber lo que significan ciertas pinturas, particularmente las modernas. Reacio a dar explicaciones-, Picasso respondió un día a cierta dama que afirmaba no comprender su obra:
- ¿Le gustan a usted las ostras?
- ¡Mucho! –replicó la señora.
- ¿Y las comprende usted?

En otro lado, el mismo artista afirmó: "Todo el mundo quiere comprender el arte. ¿Por qué no tratan de comprender el canto de un pájaro?".

También Orozco dijo un día: "El público rehúsa ver pintura... quiere oír pintura".

Frida Kahlo, menos por actitud estética, que por otras razones, jamás ha explicado "en público" sus pinturas.

Pero hace días, solicitada por un grupo de amigos que se reunió en casa del conocido industrial José Domingo Lavín para admirar un cuadro que éste adquirió a la famosa pintora, Frida Kahlo se decidió a hablar sobre esta última obra.

Irónicamente, con el buen humor, la sencillez y la despretensión que le son peculiares, Frida Kahlo explicó el significado de los símbolos y de las figuras de que está constituido este cuadro que tiene por tema central a Moisés.

Por ser de bastante interés damos a nuestros lectores una reproducción fotográfica del cuadro y la síntesis aproximada, tomada por uno de nuestros redactores, de la referida explicación.

Frida Kahlo naturalmente no "explicó" que su cuadro es una obra de gran riqueza plástica y de alta concepción, que viene a confirmar el talento de esta artista extraordinaria que se conquistó ya un lugar definitivo entre los más grandes pintores de México.

Presentamos en seguida el tenor de la explicación dada por Frida Kahlo acerca del mencionado cuadro:

Como es la primera vez en mi vida que trato de "explicar" una de mis pinturas a un grupo mayor de tres personas, me van a perdonar que me haga un poco "bolas" y tenga bastante "cisco".

Hace más o menos dos años, José Domingo me dijo un día que le gustaría que leyera el *Moisés* de Freud [*Moisés y la religión monoteísta*, escrito entre 1934 y 1938 y publicado en 1939 y traducido por la editorial Losada de Buenos Aires ese mismo año*], y pintara, como quisiera, mi interpretación del libro.

Este cuadro es el resultado de aquella pequeña conversación entre José Domingo Lavín y yo.

Leí el libro una sola vez y comencé a pintar el cuadro con la primera impresión que me dejó. Ayer lo releí y debo confesarles que encuentro el cuadro muy incompleto y bastante distinto a lo que debería ser la interpretación de lo que Freud analiza tan maravillosamente en su *Moisés*. Pero ahora, ya ni modo, ni de quitarle ni de ponerle, así es que diré lo que pinté tal cual está, y que ustedes pueden ver aquí en el cuadro.

Desde luego el tema en particular es sobre *Moisés* o *El nacimiento del héroe*. Pero generalicé a mi modo (un modo rete confuso) los hechos o imágenes que me dejaron mayor impresión al leer el libro. En lo que va "por mi cuenta" ustedes podrán decirme si metí la pata o no.

* Véase, S. Freud, *El Moisés de Miguel Ángel*, casimiro, Madrid, 2019.

Lo que quise expresar más intensa y claramente fue que la razón por la que las gentes necesitan inventar o imaginarse héroes y dioses es el puro *miedo*. Miedo a la vida y miedo a la muerte. Comencé pintando la figura de Moisés niño. (*Moisés*, en hebreo, quiere decir, "aquel que fue sacado de las aguas", y en egipcio *mose* significa "niño".) Lo pinté como lo describen muchas leyendas, abandonado dentro de una canasta y flotando sobre las aguas de un río. Plásticamente traté de hacer que la canasta, cubierta por una piel de animal, recordara lo más posible a una matriz, porque según Freud la cesta es la matriz expuesta y el agua significa la fuente materna al dar a luz a una criatura. Para centralizar ese hecho pinté al feto humano en su última etapa dentro de la placenta. Las trompas, que parecen manos, se extienden hacia el mundo.

A los lados del niño ya creado, puse los elementos de su creación, el huevo fecundado y la división celular.

Freud analiza en una forma muy clara, pero muy complicada para mi carácter, el importante hecho de que Moisés no fue judío sino egipcio, pero yo, en el cuadro, no hallé la manera de pintarlo ni egipcio ni judío, y solamente pinté un chamaco que en general representara tanto a Moisés como a todos los que según la leyenda tuvieron ese principio, transformándose después en personajes importantes, guiadores de sus pueblos, es decir,

Héroes. (Más abusados que los demás, por eso le puse el "ojo avizor".) En este caso se encuentran Sargón, Ciro, Rómulo, Paris, etcétera.

La otra conclusión interesantísima de Freud es que Moisés, no siendo judío, dio al pueblo escogido por él para ser guiado y salvado una religión, que tampoco era judía sino egipcia: nada menos que Amenhotep IV o Akhenatón revivió la de Atón, o sea la del Sol, tomando como raíces la antiquísima religión de On (Heliopolis).

Entonces pinté el Sol como centro de todas las religiones, como *primer dios* y como creador y reproductor de la *vida*.

Como Moisés, ha habido y habrá gran cantidad de "copetones", transformadores de religiones y de sociedades humanas.

Se puede decir que ellos son una especie de mensajeros entre la gente que manejan y los "dioses" inventados por ellos para poder manejarla.

De estos "dioses" hay un "resto", como ustedes saben. Naturalmente, no me cupieron todos y acomodé, de un lado y otro del Sol, a aquellos que, les guste o no, tienen relación directa con el Sol. A la derecha los de Occidente y a la izquierda los de Oriente.

El toro alado asirio, Amón, Zeus, Osiris, Horus, Jehová, Apolo, la Luna, la Virgen María, la Divina Providencia, la Santísima Trinidad, Venus y... el diablo.

A la izquierda, el Relámpago, el Rayo y la huella del Relámpago, es decir, Huracán, Cuculcán y Gukumatz, Tláloc, la magnífica Coatlicue, madre de todos los dioses, Quetzalcóatl, Tezcatlipoca, la Centéotl, el dios chino Dragón y el hindú Brahma. Me faltó un dios africano, pero no pude localizarlo en ninguna parte, pero se le puede hacer un campito.

No les puedo decir algo sobre cada uno de ellos, porque la ignorancia sobre su origen, importancia, etcétera, me abruma.

Habiendo pintado a los dioses que me cupieron, en sus respectivos cielos, quise dividir al mundo celeste de la imaginación y de la poesía del mundo terreno del miedo a la muerte, y pinté los esqueletos, humano y animal, que ustedes ven aquí. La tierra ahueca sus manos para protegerlos. Entre la muerte y el grupo donde están los "héroes" no hay división ninguna, puesto que éstos también mueren y la tierra los acoge generosamente y sin distinciones.

Sobre la misma tierra, pero pintando sus cabezas más grandes para distinguirlas de las del "montón", están retratados los "héroes" (muy pocos de ellos, pero escogiditos), los transformadores de las religiones, los inventores o creadores de éstas, los conquistadores, los rebeldes... es decir, los meros "dientones".

A la derecha (y esta figura debí pintarla con mucha más importancia que ninguna otra) se ve a Amenhotep IV que más tarde se llamó Akhenatón, joven faraón de la 18.ª dinastía egipcia (1370-1350 a. deJ. C.), quien impuso a sus súbditos una religión contraria a la tradición, rebelde al politeísmo, estrictamente monoteísta, con ecos lejanos en el culto de On (Heliopolis), la religión de Atón, es decir, del Sol. Ellos no solamente adoraban al Sol como un culto material, sino como el creador y conservador de todos los seres vivos, dentro y fuera de Egipto, cuya energía se manifestaba en sus rayos, adelantándose así hasta los más modernos conocimientos científicos sobre el poder solar. Breasted llama a Amenhotep IV "el primer individuo en la historia humana".

Después Moisés, que según el análisis de Freud dio a su pueblo adoptado la misma religión de Akhenatón, transformada un poco según los intereses y circunstancias de su tiempo.

A esta conclusión llega Freud, después de un minuciosísimo estudio en el que descubre la relación íntima entre la religión de Atón y la mosaica, ambas monoteístas. (Toda esta parte tan importante del libro no supe cómo transportarla a la plástica.)

Sigue Cristo, Zoroastro, Alejandro el Grande, César, Mahoma, Tamerlán, Napoleón y "el infante extraviado"... Hitler. A la izquierda, la maravillosa Nefertiti, esposa de Akhenatón; me imagino que además de haber sido extraordinariamente bella, debe haber sido una "hacha perdida" y colaboradora inteligentísima de su marido. Buda, Marx, Freud, Paracelso, Epicuro, Gengis Kan, Gandhi, Lenin y Stalin. (El orden es gacho, pero los pinté según mis conocimientos históricos, que también lo son.)

Entre ellos y los "del montón", pinté un mar de sangre con el que significo la guerra, inevitable y fecunda.

Y, por último, la poderosa y "nunca bien ponderada" masa humana, compuesta por toda clase de... bichos: los guerreros, los pacíficos, los científicos y los ignorantes, los hacedores de monumentos, los rebeldes, los porta-banderas, los llevamedallas, los habladores, los locos y los cuerdos, los alegres y los tristes, los sanos y los enfermos, los poetas y los tontos, y toda la demás raza que ustedes gusten que exista en esta poderosa bola.

Nada más los de adelantito se ven un poco claros, los demás "con el ruido... no se supo".

Del lado izquierdo, en primer término está el Hombre, el constructor, de cuatro colores (las cuatro razas).

Del lado derecho, la Madre, la creadora, con el hijo en brazos. Detrás de ella el Mono.

Los dos árboles que forman un arco Noel del Triunfo son la vida nueva que retoña siempre del tronco de la vejez. En el centro, abajo, lo más importante para Freud, y para muchos otros... el Amor, que está representado por la concha y el caracol, los dos sexos, a los que envuel-ven raíces siempre nuevas y vivas.

Esto es lo que les puedo decir de mi pintura. Pero se admiten toda clase de preguntas y de comentarios. No me enojo.

Muchas gracias.

Corrido

Coyoacán, viernes 3 de mayo de 1946

Ahí les dejo mi retrato,
pa' que me tengan presente,
todos los días y las noches,
que de ustedes yo me ausente.

La tristeza se retrata
en todita mi pintura,
pero así es mi condición,
ya no tengo compostura.

Sin embargo, la alegría
la llevo en mi corazón,
sabiendo que Arcady y Lina
me quieren tal como soy.

Acepten este cuadrito
pintado con mi ternura,
a cambio de su cariño
y de su inmensa dulzura.

FRIDA

1947

Comencé a pintar... por puro aburrimiento de estar encamada durante un año, después de sufrir un accidente en el que me fracturé la espina dorsal, un pie y otros huesos. Tenía entonces dieciséis años y mucho entusiasmo por estudiar la carrera de medicina. Pero todo lo frustró el choque entre un camión de Coyoacán y un tranvía de Tlalpan... Como era joven, esta desgracia no tomó entonces rasgos trágicos: sentía energía suficiente para hacer cualquier cosa en lugar de estudiar para médico. Y sin darme mucha cuenta comencé a pintar.

Realmente no sé si mis pinturas son o no surrealistas, pero sí sé que son la más franca expresión de mí misma, sin tomar jamás en consideración ni juicios ni prejuicios de nadie. He pintado poco, sin el menor deseo de gloria ni ambición, con la convicción de, antes que todo, darme gusto, y después poder ganarme la vida con mi oficio. De los viajes que hice, viendo y observando todo lo que pude, magnífica pintura y muy mala también, saqué dos cosas positivas: tratar hasta donde pueda de ser siempre yo misma, y el amargo conocimiento de que muchas vidas no serían suficientes para pintar como yo quisiera y todo lo que quisiera.

En una hoja con dibujos surrealistas

Sentir en mi propio dolor
el dolor de todos los que
sufren y alentarme
en la necesidad de
vivir para luchar
por ellos

Sobre una placa de radiografía

[Se dibuja, en tinta azul y roja, de torso completo y pies unidos a las costillas. Al centro una vagina. De los senos caen
gotas. Las manos pegadas a muñones de brazos. A su izquierda un astro acuoso.]

Diego, mi amor,
Pura farsa, ni a Freud le interesaría.
¿Por qué me puse a dibujar esto que me impulsa a destruir?
Yo quiero construir. Pero yo no soy sino una parte
insignificante pero importante de un todo del que
todavía no tengo conciencia. Nada hay nuevo dentro de
mí. Solamente lo viejo y estúpido que me dejaron mis
padres.

¿Qué es la alegría?
La creación al descubrir.
El conocer lo demás
Es una herencia vacía
Cuando no se tiene talento y se tiene inquietud más vale
desaparecer y dejar a los demás "probar"
NADA

MIERDA
Todo puede tener belleza, aun lo más horrible.
Más vale callar.
¿Quién sabe de química?
¿ " " " biología?
¿ " " " vida?
¿ " " " construir cosas?
Qué maravillosa está la vida con Frida.

CARTA A DOLORES DEL RÍO

Coyoacán a 29 de octubre (1953?)

[...] Te ruego que aceptes mi pintura que tú me encargaste. Estoy pintando mucho. Antier llegué de Puebla y allí pinté sobre mi pecho en la cama tu cuadro.

Estoy mejor de salud […]

Diego no está, se fue a Pátzcuaro y no tengo más amparo que tú. Te suplico me des el importe de tu cuadro ($1.000) que tú me prometiste. No tengo yo ni para pagar médicos ni para las medicinas […]. Te va a entregar el cuadro Manolo Martínez, que es el ayudante principal de Diego. Si estás en la casa ten la bondad de enviarme el dinero con él, que es de toda mi confianza (ya sea en cheque o en efectivo). […]

Perdóname que te haya molestado.

Miles de besos.

Tu FRIDA

EN INVITACIÓN A LA INAUGURACIÓN DE LA QUE SERÁ SU ÚLTIMA EXPOSICIÓN EN CIUDAD DE MÉXICO

Coyoacán - 1953

[…]
Estos cuadros de pintura
pinté con mis propias manos
y esperan en las paredes
que gusten a mis hermanos
[…]

Fragmentos extraídos de *Ahí les dejo mi retrato. Frida Kahlo*, edición de Raquel Tibol, Editorial Lumen, Barcelona, 2005.

1953

¿Quién diría que las manchas viven y ayudan a vivir? Tinta, sangre, olor. No sé qué tinta usaría que quiere dejar su huella de tal forma. Respeto su instancia y haré cuanto pueda para huir de mi mundo.

Nada vale más que la risa. Es fuerza reír y abandonarse; ser cruel y ligero. La tragedia es lo más ridículo que tiene 'el hombre', pero estoy segura de que los animales, aunque 'sufren' no exhiben su 'pena' en 'teatros' abiertos ni 'cerrados' (los 'hogares'). Y su dolor es más cierto que cualquier imagen que pueda cada hombre representar como dolorosa.

Yo quisiera poder hacer lo que me dé la gana, detrás de la cortina de 'la locura'. Así: arreglaría las flores, todo el día, pintaría, el dolor, el amor y la ternura, mi reiría a mis anchas de la estupidez de los otros, y todos dirían: ¡pobre! está loca. (Sobre todo me reiría de mi estupidez; construiría mi mundo que mientras viviera, estaría de acuerdo con todos los mundos. El día, o la hora, o el minuto, que viviera sería mío y de todos –mi locura, no sería un escape al 'trabajo'.

La revolución es la armonía de la forma y del color, y todo está y se mueve bajo una sola ley: la vida. Nadie está aparte de nadie. Nadie lucha por sí mismo. Todo es todo y uno. La angustia y el dolor, el placer y la muerte no son más que un proceso para existir; la lucha revolucionaria en este proceso es una puerta abierta a la inteligencia.

Hasta ahora no he pintado sino la expresión honrada de mi misma, pero alejada absolutamente de lo que mi pintura pueda servir al partido. Debo luchar con todas mis fuerzas para que lo poco de positivo que mi salud me deje hacer sea en la dirección a ayudar a la revolución. La única razón real para existir.

Fragmentos extraídos de *El diario de Frida Kahlo, un íntimo autorretrato*, La Vaca Independiente, Ciudad de México, 1995.

www.casimirolibros.es